档案里的山东抗战

山 东 省 档 案 馆
山 东 广 播 电 视 台　　编著

齊魯書社
·济南·

图书在版编目（CIP）数据

档案里的山东抗战 / 山东省档案馆, 山东广播电视台编著. -- 济南 : 齐鲁书社, 2025. 8. -- ISBN 978-7-5333-5354-4

Ⅰ. K265.06

中国国家版本馆CIP数据核字第20255ZV085号

出 版 人　王　路
责任编辑　马安钰
装帧设计　亓旭欣

档案里的山东抗战
DANG'AN LI DE SHANDONG KANGZHAN
山东省档案馆　山东广播电视台　编著

主管单位	山东出版传媒股份有限公司
出版发行	齊魯書社
社　　址	济南市市中区舜耕路517号
邮　　编	250003
网　　址	www.qlss.cn
电子邮箱	qilupress@126.com
营销中心	（0531）82098521　82098519　82098517
印　　刷	山东临沂新华印刷物流集团有限责任公司
开　　本	787mm × 1092mm　1/16
印　　张	12
插　　页	2
字　　数	178千
版　　次	2025年8月第1版
印　　次	2025年8月第1次印刷
标准书号	ISBN 978-7-5333-5354-4
定　　价	198.00元

目　录

本期档案:《支那事变画报》

年份: 1937—1940年

馆藏: 山东省档案馆

第1集　举起山东抗战旗帜

这是1937年7月日本朝日新闻周刊临时增刊的《支那事变画报》，由日本朝日新闻社特派随军记者摄影、撰文，1940年8月以前在日本国内公开出版发行，记录1937年七七事变以来日军侵华的主要战线、战况、战役。

这些炫耀日本军国主义的日本画报，是日本侵略中国罪行的铁证。

其中，第十一辑大篇幅报道1937年12月济南沦陷事件。

七七事变后，日军自津浦铁路南下。1937年9月30日，日军侵入山东。

10月3日，日军向德县（今德州市）大举进攻，中国守城部队苦战两昼夜，德县失守。11月13日，日军侵占济阳县城（今济南市济阳区），屠杀平民2400余人，烧毁房屋无数，济阳城成为一片废墟。

《支那事变画报》第十一辑封面及内页照片

拥有十万兵力的国民党山东省政府主席兼第3集团军总司令韩复榘，为求得暂时苟安和保全实力，在鲁北稍事抵抗后即撤往黄河以南，并下令炸毁泺口黄河铁桥。

被炸毁的泺口黄河铁桥

12月23日，日军渡过黄河，进攻济南。韩复榘命令将重要工厂、矿区炸毁，于12月24日率部南逃。山东境内的国民党地方部队和政府官员也纷纷随之南逃。

12月26日夜，日军福荣部队占领济南城北门，赤柴部队占领东门。

12月27日，日军不战而侵占济南。

12月30日，日军在济南城内举行了入城式。

济南街头，挂起了膏药旗和五色旗。

日军在济南城内举行入城式

城的周围，安电网，挖战沟，只留一个普利门……过往的人，必须早早下来，向日本士兵，行九十度鞠躬礼，一不顺眼，遍身检查，任敌侮辱。奴隶的滋味，沦陷在济南区域的同胞是尝受够了。

——1939年3月10日《大众日报》济南市民回忆文章《日寇铁蹄践踏下的济南》

在日军特务机关驻地泺源公馆，每天都有中国人的尸体从里面拉出来。

被抓进来的中国人大都是临时在这里关押、审讯，死在“泺源公馆”里的，便在夜间用汽车拉到琵琶山万人坑喂狗去了。

——《济南文史》抗战老兵回忆

灌辣水，往肚里打气，死于火棍酷刑下的同胞不知凡几。

——1939年3月10日《大众日报》济南市民回忆文章《日寇铁蹄践踏下的济南》

济南琵琶山“万人坑”，尸横遍野，白骨累累，无数抗日军民先后被日军残害虐杀于此。

《支那事变画报》第十六辑中刊载的《山东战线要图》，详细标明了日军侵占山东各个地区的时间。

1938年1月4日、11日，曲阜、济宁相继陷落。

1月10日，青岛陷落，整个胶济铁路沿线地区被日军占领。

2月，日军占领烟台、福山。

3月，日本海军在威海卫登陆。

日本侵略者铁蹄所至，山河破碎，生灵涂炭，山东人民陷入深重灾难。

在日军大举进犯，国民党军队、政府纷纷溃逃之际，中共山东省委毅然担负起领导山东人民抗战的重任。

1938年1月10日，日军占领青岛

从1937年7月到1938年6月，中共山东省委组织发动了10次大规模抗日武装起义，从鲁北平原到鲁南山区，从东海之滨到泰山脚下，燃起了抗日的熊熊烽火。

本期档案：徂徕山抗日武装起义旧址照片

年份：1937年

馆藏：山东省档案馆

第2集　徂徕山抗日武装起义

七七事变以后，日军长驱直入，济南、青岛等地相继陷落。

在国民党军队纷纷溃逃之际，根据中共中央关于在敌后放手发动群众、开展独立自主游击战争的指示，以及中共中央北方局关于共产党员脱下长衫、到游击队去的号召，中共山东省委决定在全省发动、组织抗日武装起义，并且决定由省委直接领导鲁中南地区的徂徕山起义。

泰安市篦子店村中共山东省委召开紧急会议处

1937年10月22日，中共山东省委书记黎玉、宣传部长林浩、秘书长景晓村，延安来的红军干部赵杰、程续润等，和泰安县委，商量并决定在徂徕山地区发动抗日武装起义。

徂徕山地处山东腹地，北依泰山，南靠蒙山，东临莲花山，西近津浦铁路，内有群山可屏，攻守均宜。

1938年1月1日清晨，在徂徕山上，一面绣有镰刀斧头和“游击”二字的红旗高高飘扬，各地赶来的160余名抗日志士，携带着五六十支各式枪支和长矛、大刀等原始武器，聚集在徂徕山西麓的四禅寺，举行了庄严的起义誓师大会。

八路军山东人民抗日游击队第四支队队员

八路军山东人民抗日游击队第四支队使用过的武器

省委书记黎玉宣布：八路军山东人民抗日游击队第四支队正式成立了！同时宣布洪涛任司令员，黎玉兼任政委，赵杰任副司令员，林浩负责政治部工作。

徂徕山起义，在山东首次打出了八路军的旗号，也是山东境内影响最大的一次抗日武装起义。

参加我们起义队伍当时到达徂徕山的约100多人，其中有工人、农民、士兵，也有教员、学生、职员。他们穿的服装各式各样，有穿棉袍的，有穿大褂的，有穿制服的，还有个别穿西装的；手里的武器更是五花八门，有“汉阳造”，也有“老套筒”、“土压五”和匣子枪，还有大刀、长矛等等。服装虽然不整齐，武装虽然不精良，但是，同志们精神饱满，情绪高昂。

——《黎玉回忆录》

一个星期后，他们和同时发动的新泰、莱芜、沂水的3个县队相汇合，四支队发展到400余人。

——1947年1月1日《大众日报》文章《徂徕山起义》

八路军山东人民抗日游击队第四支队伏击日军

行进中的八路军山东人民抗日游击队第四支队

后来，这支部队兵分两路：一路向新泰、蒙阴、费县、泗水一带活动；一路向莱芜、博山、淄川一带发展，曾两次攻克莱芜城。到1938年4月，第四支队发展到4000余人。

同时，鲁西北、天福山、黑铁山、鲁东、泰西等地通过武装起义建立起来的抗日救国军、抗日游击队、抗日义勇军等抗日武装也迅速壮大。到1938年6月，由山东党组织领导的抗日武装已经达到4万人，作战100余次，解放县城15座，极大地鼓舞了山东人民的抗战信心，为山东抗日根据地的建立奠定了基础。

本期档案：山东人民抗日救国军第三军军旗

年份：1937年

馆藏：胶东抗战第一枪纪念馆

第3集　天福山抗日武装起义

这面残损了近三分之一的旗帜，是山东人民抗日救国军第三军军旗，它是中共胶东特委在天福山发动的抗日武装起义的见证。

1937年10月开始，山东省委派共产党员林一山、张加洛、理琪、宋澄、宋竹庭等人先后来到胶东，组织发动抗日武装起义。1937年12月中旬，中共胶东特委在文登县（今威海市文登区）沟于家村成立，理琪任书记。

中共胶东特委部分领导成员合影

12月15日晚，中共胶东特委召开扩大会议，决定以昆嵛山上的中国工农红军胶东游击队为骨干，召集周边党员先进分子，在天福山举行起义，起义时间定为12月24日。

> 天还不亮，胶东特委的几个领导便登上了天福山……想起即将展开的斗争，人人心里都像揣着一团火。
>
> ——张修己（时任中共胶东特委委员）《天福山起义》

天福山抗日武装起义旧址

12月24日清晨，冒着凛冽寒风赶来的昆嵛山红军游击队员、农民、学生、知识分子等80多人，聚集在天福山玉皇庙前。

理琪庄严宣布：山东人民抗日救国军第三军正式成立！

参加起义人员组成第三军第一大队，于得水任大队长，宋澄任政治委员。理琪将第三军军旗郑重授予于得水和宋澄。

紧接着，“团结起来，武装抗日！”“打倒日本帝国主义！”的口号声，在空旷的山谷里震响。

——张修己（时任中共胶东特委委员）《天福山起义》

天福山起义，标志着中国共产党领导的第一支胶东人民抗日武装诞生，揭开了胶东人民武装抗日的序幕。

大家奔走相告，扶老携幼地看望自己的队伍。各地第三军队伍每到一村，男女老少送水送饭，青年人踊跃报名入伍。

——张修己（时任中共胶东特委委员）《天福山起义》

民众纷纷加入山东人民抗日救国军第三军

1938年2月13日，山东人民抗日救国军第三军一举攻占了被日军占领的牟平县城（今烟台市牟平区）。当天，理琪等20多人在牟平城南的雷神庙开会，被闻讯赶来的日本海军陆战队100多人层层包围。

日军从围墙和大门外向里猛烈射击，理琪腹部连中三弹，但一直坚持指挥作战。指战员们顽强地抵抗着数倍于己的日军，打退了敌人一次又一次的进攻。

雷神庙内弹痕累累的石碑

天黑后，在抗日友军的策应下，战士们乘机突围。在转移的路上，理琪因伤势过重，壮烈牺牲。

在天福山起义的影响下，中共荣成、黄县（今龙口市）、蓬莱等地党组织也相继发动抗日武装起义，山东人民抗日救国军第三军迅速发展到7000多人，抗日的烈火燃遍胶东大地。

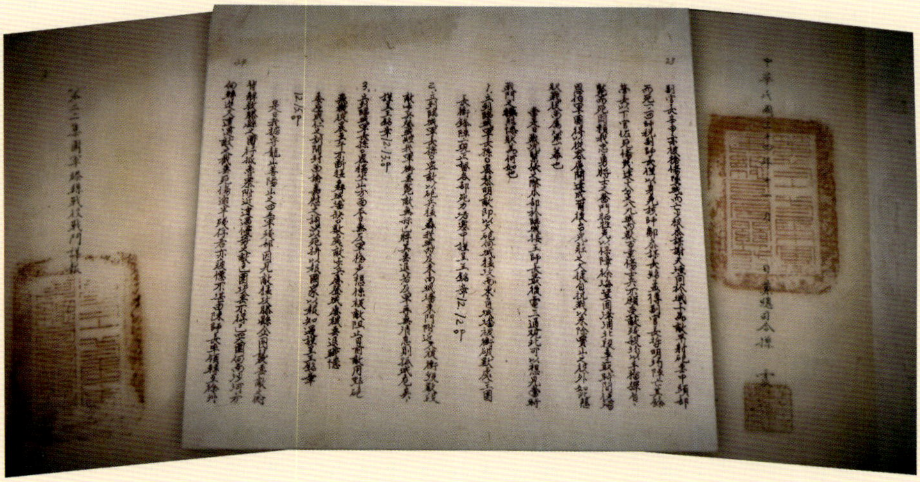

本期档案：王铭章牺牲前发出的三封电报

年份：1938年

馆藏：中国第二历史档案馆

第4集　滕县保卫战

“……黎明敌即以大炮向城猛攻，东南角城墙被冲破数处……”

“敌以炮兵猛轰我城内及东南城墙……若友军再无消息，则孤城危矣。”

“……敌用野炮、飞机从晨至午不断猛轰……决以死拼，以报国家，以报知遇。”

王铭章

这是1938年3月17日，王铭章在滕县（今滕州市）牺牲前发出的最后三封电报。

王铭章，四川新都人，时任出川抗战的国民革命军第22集团军第41军代军长兼122师师长。

1937年12月13日，日军进占南京后，制造了长达六个星期的骇人听闻的大屠杀。

南京沦陷后，日军先后调集8个师团及3个旅团、2个支队约24万人，实行南北对进，企图攻占陇海线和津浦线交会处的徐州，以打通津浦线，使南北日军连成一气，进而攫取中原，攻占武汉。

1938年1月中旬，日军第5师团在青岛强行登陆后，沿胶济路西进，至潍县（今潍坊市）转南，连陷诸城、沂水、莒县，进迫临沂，同津浦线上的第10师团相呼应，企图合攻台儿庄，与自南京北犯的日军相呼应，合围徐州。

1938年3月16日，日军辎重部队路过界河

日军第10师团濑谷支队从济宁西渡运河，向嘉祥进攻，遭中国守军第3集团军的顽强抵抗。3月14日，濑谷支队开始由邹县（今邹城市）以南的两下店向滕县发起进攻，中国守军第22集团军第41军英勇抗击。

连续两天，日军未能攻破中国守军外围防御工事。

3月16日，日军配以大炮、坦克、飞机，向滕县发起猛攻，一处外城墙被日军攻破。王铭章督战死守，誓与城池共存亡，中国守军靠手榴弹和大刀与日军血拼。

日军战报这样记载当时的战况："遭遇川军一阵手榴弹战，一致陷入困境，不得不暂停攻势。"

夜里，日军调集12门重炮猛轰城墙。到3月17日上午，日军击破多处城墙，在炮火、坦克的掩护下突入城内。

激烈的战斗一直持续到中午，中国守军死伤惨重，而援军迟迟未到。

在战斗最艰苦的时刻，王铭章向集团军总司令孙震接连发出三道电文，决意"死拼报国"。

电文发出后，王铭章亲临城中心指挥作战，在西关电灯厂附近，遭到了日军密集的机枪扫射，壮烈牺牲，时年45岁。

攻占滕县城楼的日军

1938 年 5 月 9 日，武汉各界代表迎接王铭章灵柩

王铭章牺牲后，城内的中国守军仍坚持抵抗。3月18日中午，除数十人突围，其余全部壮烈牺牲。

1938年5月9日，王铭章的灵柩到达武汉，万名群众前往迎灵。

毛泽东等中共中央领导人联名送了挽联：“奋战守孤城，视死如归，是革命军人本色；决心歼强敌，以身殉国，为中华民族争光。”

4天半，108小时，中国守军将士伤亡近万人，毙伤日军2000余人，迟滞了日军南下的步伐，为台儿庄战役的部署赢得了时间。

滕县保卫战遗址

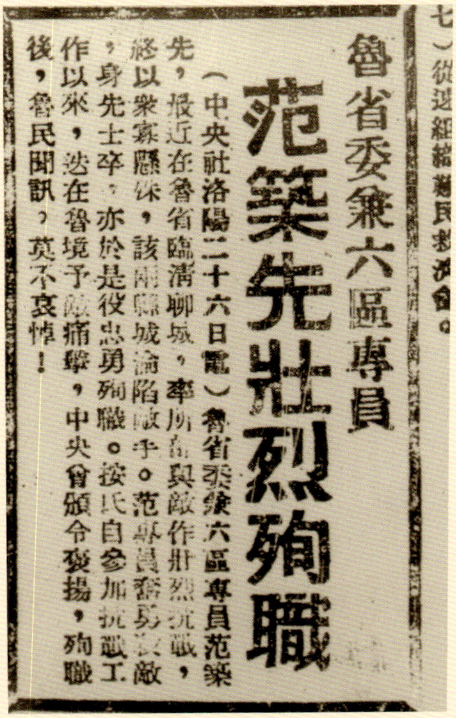

七）從速組織難民救濟會。

魯省委兼六區專員
范築先壯烈殉職

（中央社洛陽二十六日電）魯省委兼六區專員范築先，最近在魯省臨清聊城，率所部與敵作壯烈抗戰，終以衆寡懸殊，該兩縣城淪陷敵手。范專員奮勇殺敵，身先士卒，亦於是役忠勇殉職。按氏自參加抗戰工作以來，迭在魯境予敵痛擊，中央曾頒令褒揚，殉職後，魯民聞訊，莫不哀悼！

本期档案：《新华日报》时评文章《鲁省委兼六区专员范筑先壮烈殉职》

年份： 1938年

馆藏： 山东省档案馆

第5集　范筑先壮烈殉职

1938年11月28日，《新华日报》刊登时评《鲁省委兼六区专员范筑先壮烈殉职》：“鲁省委兼六区专员范筑先，最近在鲁省临清聊城，率所部与敌作壮烈抗战，终以众寡悬殊，该两县城沦陷敌手，范专员奋勇杀敌，身先士卒，亦于是役忠勇殉职……”

全民族抗战爆发后，在中国共产党积极倡导和推动下，国共两党重新合作，抗日民族统一战线形成。中共中央派一批党员干部来到山东，联络和团结山东地区的国民党军政要员共同抗日。

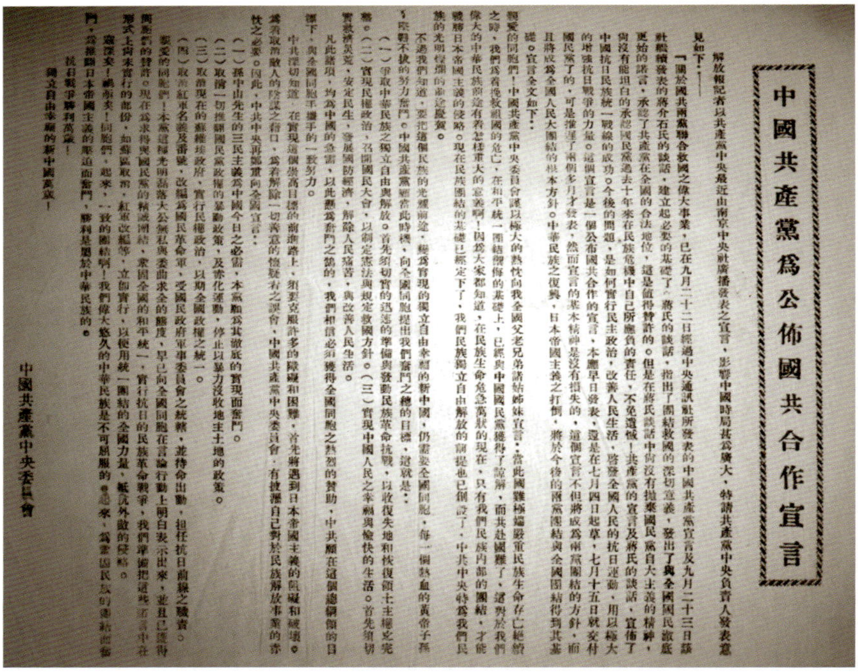

中國共產黨為公佈國共合作宣言

解放報記者以共產黨中央最近由南京中央社廣播發表之宣言，影響中國時局甚為廣大，特請共產黨中央負責人發表意見如下：——

「關於國共兩黨聯合救國之偉大事業，已在九月二十二日經過中央通訊社所發表的中國共產黨宣言及九月二十三日該社繼續發表的蔣介石氏的談話，建立起必要的基礎了。蔣氏的談話，指出了團結救國的深切意義，發出了與全國國民澈底更始的諾言，承認了共產黨在全國的合法地位，這是值得贊許的。但是在蔣氏談話中尚沒有拋棄國民黨自大主義的精神，尚沒有能坦白的承認國民黨過去十年來在民族危機中自己所應負的責任，不免遺憾！共產黨的宣言及蔣氏的談話，宣佈了中國抗日民族統一戰線的成功。今後的問題，是如何實行民主政治，改善人民生活，啓發全國人民的抗日運動，用以極大的增強抗日戰爭的力量。這個宣言是一個公布國共合作的宣言，本應早日發表，這是在七月四日起草，七月十五日就交付國民黨了的，可是推遲了兩個多月才發表，然而宣言的基本精神是沒有損失的，這個宣言不但將成為兩黨團結的方針，而且將成為全國人民大團結的根本方針。中華民族之復興，日本帝國主義之打倒，將於今後的兩黨團結與全國團結得到其基礎。宣言全文如下：

親愛的同胞們！中國共產黨中央委員會謹以極大的熱忱向我全國父老兄弟諸姑姊妹宣言：當此國難極端嚴重民族生命存亡絕續之時，我們為着挽救祖國的危亡，在和平統一團結禦侮的基礎上，已經與中國國民黨獲得了諒解，而共赴國難了，這對於我們偉大的中華民族前途有着怎樣重大的意義啊！因為大家都知道，在民族生命危急萬狀的現在，只有我們民族內部的團結，才能戰勝日本帝國主義的侵略。現在民族團結的基礎已經定下了，我們民族獨立自由解放的前提也已創設了，中共中央特為我們民族的光明燦爛的前途慶賀。

不過我們知道，要把這個民族的光明前途，變為實現的獨立自由幸福的新中國，仍需要全國同胞，每一個熱血的黃帝子孫，堅韌不拔的努力奮鬥。中國共產黨願當此時機，向全國同胞提出我們奮鬥之總的目標，這就是：

（一）爭取中華民族之獨立自由與解放。首先須切實的迅速的準備與發動民族革命抗戰，以收復失地和恢復領土主權之完整。（二）實現民權政治，召開國民大會，以制定憲法與規定救國方針。（三）實現中國人民之幸福與愉快的生活。首先須切實救濟災荒，安定民生，發展國防經濟，解除人民痛苦，與改善人民生活。

凡此諸項，均為中國的急需，以此懸為奮鬥之鵠的，我們相信必須獲得全國同胞之熱烈的贊助，中共願在這個總綱領的目標下，與全國同胞手攜手的一致努力。

中共深切知道，在實現這個崇高目標的前進路上，須要克服許多的障礙和困難，首先將遇到日本帝國主義的阻礙和破壞。為着取消敵人的陰謀之藉口，為着解除一切善意的懷疑者之誤會，中國共產黨中央委員會，有披瀝自己對於民族解放事業的赤忱之必要。因此，中共中央再鄭重向全國宣言：

（一）孫中山先生的三民主義為中國今日之必需，本黨願為其徹底的實現而奮鬥。

（二）取消一切推翻國民黨政權的暴動政策，及赤化運動，停止以暴力沒收地主土地的政策。

（三）取消現在的蘇維埃政府，實行民權政治，以期全國政權之統一。

（四）取消紅軍名義及番號，改編為國民革命軍，受國民政府軍事委員會之統轄，並待命出動，擔任抗日前線之職責。

親愛的同胞們！本黨這種光明磊落大公無私與委曲求全的態度，早已向全國同胞在言論行動上明白表示出來，並且已獲得[illegible]們的贊許。現在為求得與國民黨的精誠團結，鞏固全國的和平統一，實行抗日的民族革命戰爭，我們準備把這些宣言中在形式上尚未實行的部份，如蘇區取消，紅軍改編等，立即實行，以便用統一團結的全國力量，抵抗外敵的侵略。

[illegible]深矣！[illegible]亟矣！同胞們，起來，一致的團結啊！我們偉大悠久的中華民族是不可屈服的。起來，為鞏固民族的團結而奮鬥，為推翻日本帝國主義的壓迫而奮鬥，勝利是屬於中華民族的。

抗日戰爭勝利萬歲！

獨立自由幸福的新中國萬歲！

中國共產黨中央委員會

《中国共产党为公布国共合作宣言》

范筑先时任国民党山东省第六区专员兼保安司令，姚第鸿、张维翰、张郁光等共产党员先后来到聊城，与范筑先成功建立了统战关系。

范筑先

> 范筑先曾高兴地对我说：“……谁真心抗战我就拥护谁，共产党坚决抗战，所以我要跟共产党合作。”
>
> ——田兵（时任范筑先秘书）《聊城失守和范筑先将军殉国》

1937年11月19日，范筑先通电全国，决心守土抗战。

在鲁西北，山东党组织派遣一批党员干部协助范筑先抗战，有力推动了鲁西北抗日游击根据地的创建和发展。

从1937年起，在一年左右的时间里，鲁西北抗日军民与敌人作战80余次，歼灭大量日伪军。到1938年11月，鲁西北党员发展到约1万人，各种抗日团体总人数达10万人。毛泽东、朱德给予范筑先很高的赞誉，并写信对他进行鼓励。

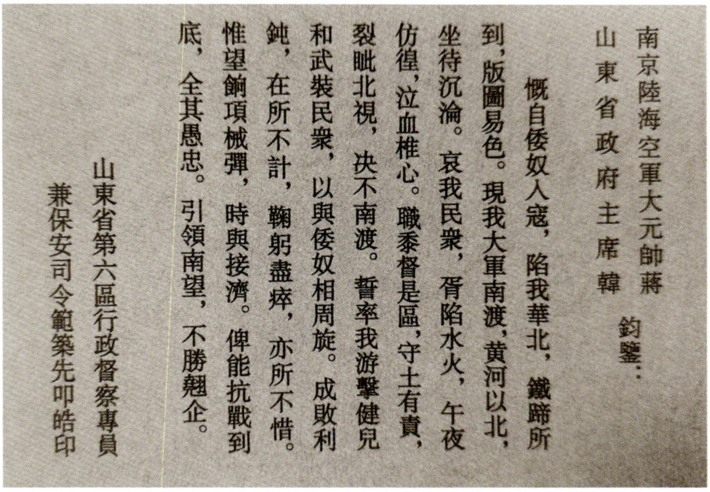
南京陸海空軍大元帥蔣
山東省政府主席韓 鈞鑒：
慨自倭奴入寇，陷我華北，鐵蹄所到，版圖易色。現我大軍南渡，黄河以北，坐待沉淪。哀我民衆，胥陷水火，午夜彷徨，泣血椎心。職忝督是區，守土有責，裂眦北視，决不南渡。誓率我游擊健兒和武裝民衆，以與倭奴相周旋。成敗利鈍，在所不計，鞠躬盡瘁，亦所不惜。惟望餉項械彈，時與接濟。俾能抗戰到底，全其愚忠。引領南望，不勝翹企。
山東省第六區行政督察專員
兼保安司令範築先叩皓印

1937年11月19日，范筑先发出坚持抗日绝不南渡的皓电

鲁西北整装待发的部队和农民武装

范筑先部缴获的日军汽车

1938年11月14日，日军在十多辆坦克及飞机的配合下，围攻聊城。

下午，日军增兵将聊城团团围住，范筑先决定率部守城作战。

此时，城内只有700多人，步枪400支。

与日军血战一昼夜后，范筑先部因寡不敌众，逐渐失利。

十五日晨日寇又从济南调来援军，集中火力向东门进攻，架着云梯爬城。范筑先和姚第鸿亲赴东门指挥战斗。英勇的战士们用手榴弹、砖头掷向敌人。

——张维翰（时任鲁西北抗日游击总司令部政治部主任）《忆民族英雄范筑先》

激战到上午9点，敌人用烟幕弹、平射炮将东门击开。

——《聊城地区志》

日军攻入城内，范筑先左臂负伤、腿骨被打断，仍带领部队拼死抵抗。到最后时刻，他高呼“中国万岁！杀敌到底！”自戕殉国，时年57岁。

张郁光、姚第鸿等7人赤膊与敌巷战，被残杀于状元街。

下午5时，700多名守城健儿全部英勇殉国。

范筑先殉国的消息传出后，举国痛悼，全国降半旗三天。朱德、彭德怀送挽联："战事方酣，忍看多士丧亡，显其忠勇；吾侪尚在，势必长期抗战，还我河山。"

在范筑先殉国处，修建有范筑先烈士纪念馆。人们用这种方式，纪念这位抗日民族英雄。

本期档案： 八路军山东纵队整军训练照片

年份： 1940年

馆藏： 山东省档案馆

第6集　八路军山东纵队

这组珍贵的照片，记录了八路军山东纵队进行整军训练的场景。

全民族抗战爆发后，山东省委组织发动了10次大规模抗日武装起义，组建了抗日救国军、抗日游击队等抗日武装，抗日烽火燃遍齐鲁大地。

中共中央对山东的战略地位和建立山东抗日根据地非常重视。1938年5月，毛泽东指示中共中央长江局："山东游击战争战略上意义重大，决以张经武同志去山东。"

1938年8月，张经武带领160多名中国抗日军政大学及陕北公学毕业的学员和一部分红军干部、原白区工作干部来山东工作。

张经武与部分干部在挺进山东途中

1938年10月，中国抗日战争转入战略相持阶段。中国共产党领导的敌后抗日根据地，逐步成为全国抗战的主战场。山东各地虽然建立起若干块抗日根据地及广大的游击区，但分散于各地的游击队各自为战，未形成统一的领导和指挥。

1938年12月，中共中央山东分局在沂水县王庄成立。为更好地统一作战，12月27日，八路军山东纵队成立，张经武任指挥，黎玉任政治委员，王建安任副指挥，江华任政治部主任，王彬任参谋长，辖10个支队，共25个团，约2.5万人。

山东纵队的成立，标志着共产党领导的山东人民抗日武装力量已由若干分散的游击队，发展成为在战略上有统一指挥的游击兵团。

> 山东纵队成立后，一方面指挥各部队配合地方党政机关发动组织群众，发展地方武装，建立抗日民主政权；一方面广泛开展游击战争，打击日伪军。
>
> ——《中共山东地方史》

> 由于我军英勇抗战博得了广大群众的拥护，（山东纵队）部队得到了迅速的发展和扩大。
>
> ——罗荣桓《谈山东抗日战争》

到1938年底，山东各地建立起冀鲁边、鲁西北、胶东、清河、鲁中、鲁东南、鲁西南、泰西、鲁南、湖西等若干块抗日根据地和游击区。

八路军山东纵队第五支队

八路军山东纵队第三支队

从1939年2月起，山东纵队先后进行了5期整军，战斗力大大提高，在山东境内多次粉碎日伪军“扫荡”，开辟新的抗日根据地。

1939年8月，八路军第一纵队成立，统一指挥山东和苏北境内的八路军各部队，徐向前任司令员，朱瑞任政治委员。

毛泽东在给徐向前等人的电报中指出：“地方党已经单独创造出较有战斗力走向正规化的军队，它将成为坚持山东抗战的主力军。”

1939年10月13日，八路军第一纵队与八路军山东纵队正式合并，徐向前、朱瑞直接指挥山东纵队各部队。

1940年3月，日伪军500多人向沂水县孙祖镇一带进犯。山东纵队第二支队在九子峰设伏，取得孙祖大捷。战斗期间，附近民众自发为八路军送水送饭、送情报、运送伤员。

反“扫荡”战斗中的前沿指挥所

1939 年冬，八路军第一纵队和八路军山东纵队部分领导干部合影

这次的胜利……再一次的告诉了民众，山东八路军是抗战最坚决、最勇敢的一支队伍，是以自己的血肉来保卫祖国与民众的队伍！

——1940 年 3 月 25 日《大众日报》文章《庆祝孙祖战斗大胜利》

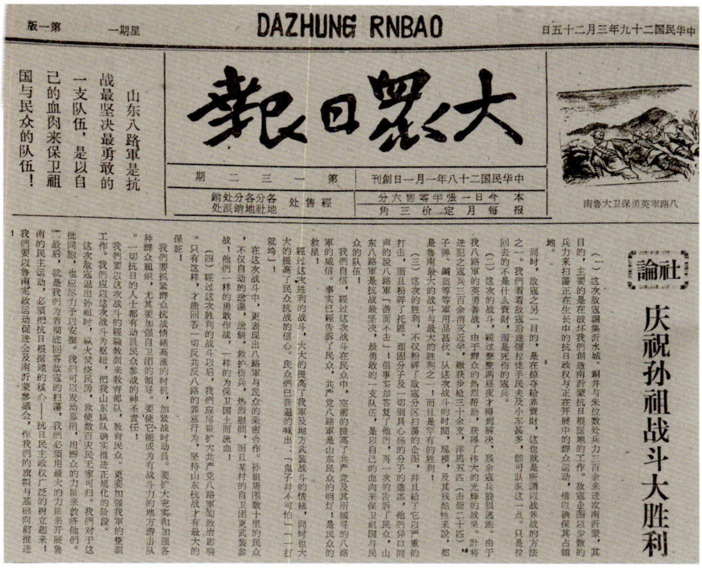
DAZHUNG RNBAO

中华民国二十九年三月二十五日　星期一　第一版

大众日报

中华民国二十八年一月一日创刊　第一三二期

本报每日一张半零售六分　每月定价三角

山东八路軍是抗战最坚决最勇敢的一支队伍，是以自己的血肉来保卫祖国与民众的队伍！

社論

庆祝孙祖战斗大胜利

（一）这次敌寇调集沂水城、銅井与朱位数处兵力三百余来进攻南沂蒙，其目的，主要的是在破坏我們創造南沂蒙抗日根据地的工作。敌寇企图以少数的兵力来扫蕩正在生长中的抗日政权与正在开展中的群众运动，借以确保其占领地。

1940年3月25日，《大众日报》对孙祖战斗的报道

1940年6月，徐向前奉命回延安参加中共第七次代表大会的筹备工作，山东纵队的名义随即恢复使用，并指挥其所属部队。1941年1月，八路军第一纵队番号被取消。

山东纵队取得了攻克栖霞、收复莱阳、刘家井战斗、杨家横战斗、破袭胶济铁路、鲁中反“扫荡”等战斗的胜利，沉重打击了日伪军。山东纵队在对敌作战中不断发展壮大，到1940年底，发展到5.1万人。

抗日战争时期，山东纵队与入鲁的八路军主力部队并肩御敌，逐步巩固和扩大了山东抗日根据地，使山东抗日根据地成为全国抗战的重要战略基地。

本期档案：八路军第115师主力入鲁照片

年份：1938—1939年

馆藏：山东省档案馆

第7集　派兵去山东

为适应山东抗日斗争迅速发展的新形势，1938年2月底，山东省委决定，省委书记黎玉等赴延安，向中央汇报山东的情况。4月2日，黎玉等到达延安。4月3日，黎玉向毛泽东汇报了山东党组织和抗日游击队的情况，并请求中央派干部去山东工作。

毛主席对山东人民开展抗日游击战争，给予高度评价，并在地图上指出山东敌后抗战的发展方向，还作了关于注重根据地建设的指示。

——《黎玉回忆录》

郭洪涛

山东是连接华北、华中两大区域的枢纽，战略地位十分重要。毛泽东对建立山东抗日根据地非常重视，决定派八路军留守兵团绥德警备区司令部政治委员兼绥德地委书记郭洪涛率50多名干部，携带两部电台去山东。

郭洪涛一行到达中共山东省委驻地泰安县（今泰安市）南上庄的前一天，5月19日，徐州失陷，山东全境沦为敌后。5月20日，毛泽东在给朱德等人的电报中指出：徐州失守，武汉危急，我军准备向苏、鲁、豫、皖四省挺进。“山东方面已发展广大游击战争，已派张经武、郭洪涛率军政党干部五六十人及电台两个去，今日可越津浦路至泰安。那边民枪极多，主要是派干部去，派得一两个营去作基干则更好，但需准备长期留下不还建制。”根据这一战略部署，中共中央决定将山东省委扩大为苏鲁豫皖边区省委，郭洪涛任书记。

1938年11月，从延安到山东工作的部分干部合影

日军列队进入徐州城

6、7月间，八路军第115师永兴支队和第129师津浦支队进入山东北部的冀鲁边区，这是第一批进驻山东的八路军主力部队。9月，第115师政治部副主任兼第343旅政治委员肖华率100余人到达乐陵，将冀鲁边区的抗日武装合编为八路军东进抗日挺进纵队，肖华任司令员兼政治委员。

肖华

> 挺进冀鲁边，是一一五师主力东进整个战略计划的一部分。毛主席十分重视主力部队东进山东，曾电令我们师尽快东进……
>
> ——肖华《艰苦岁月》

1938年9月29日至11月6日，党的扩大的六届六中全会召开，确定“巩固华北、发展华中华南”的战略方针。会上，毛泽东提出“派兵去山东”。11月25日，毛泽东等人致电八路军副总司令彭德怀，拟派陈光、罗荣桓率第115师师部及第343旅两主力团去山东、淮北。

1938年12月，八路军第115师东进山东前部分干部合影

1938年12月2日，朱德、彭德怀电示第115师代师长陈光、政治委员罗荣桓率第115师师部及第343旅向山东进军。12月10日，第115师第685团改称苏鲁豫支队，于12月27日到达湖西地区。

1939年3月1日，八路军第115师师部和第686团在陈光、罗荣桓率领下，以东进支队名义进入鲁西。在此前后，第115师第687团、第688团各一部，第129师第386旅和先遣支队一部，第115师独立支队相继进入山东。

八路军主力部队挺进山东后，在地方党政军民的配合下，在冀鲁边、鲁西、湖西、泰西、鲁南等地积极开展游击战争，创建和发展了抗日根据地，开创了山东抗战新局面。

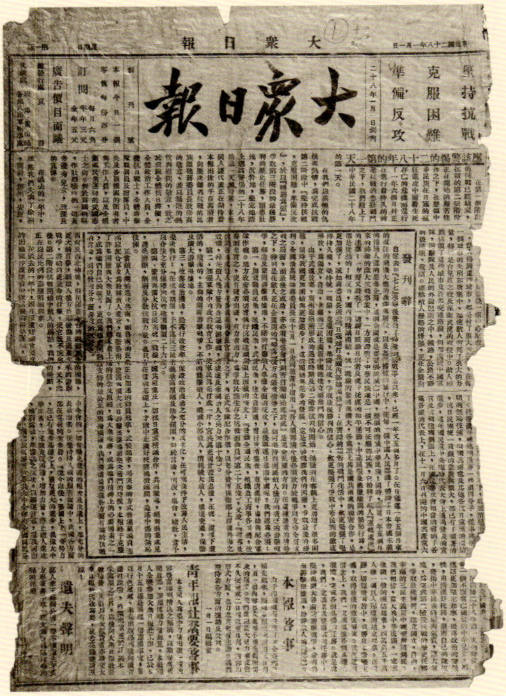
大衆日報

堅持抗戰
克服困難
準備反攻

二十八年一月一日創刊

發刊辭

本報啓事

遺失聲明

本期档案：《大众日报》创刊号

年份：1939年

馆藏：大众日报社史陈列馆

第8集 《大众日报》创刊

沂水县王庄，是地处沂蒙山区腹地的一个偏僻山村。自1938年11月中共苏鲁豫皖边区省委迁到王庄以后，这里就成为山东军民抗战的指挥中心。

为宣传党的抗战主张和政策，并动员、鼓舞全省人民进行抗日斗争，1938年11月，苏鲁豫皖边区省委任命刘导生为社长、匡亚明为总编辑，开始了报纸的筹办。

1938年12月，中共苏鲁豫皖边区省委改为中共中央山东分局。中共中央山东分局书记郭洪涛与刘导生、匡亚明共同确定了报纸的名字为《大众日报》。

大众日报社社长刘导生

大众日报社总编辑匡亚明

定下来以后，办报的方针也明确谈了一下。第一要广泛开展统一战线；第二要大力开展群众运动；第三要坚持宣传党的抗日战争的方针政策。宣传抗战，坚持抗战，解释抗战中存在的一些问题，增强抗战的信心。

——匡亚明《回忆〈大众日报〉的创刊》

创刊伊始，条件十分简陋，编辑部设在王庄的几间小屋里，仅有几张木桌和条凳。共有4名编辑，每人负责一个版面。

印刷厂设在云头峪村的几户农家草房里，地形隐蔽，可以随时应对日伪军的“扫荡”。三间草房是印刷车间，一间草房放纸张和装订。

经过短期的紧张筹备，《大众日报》顺利出版。

1938年12月30日，编辑部编好了创刊号的稿子，画好了版样，由交通员冒雪送到印刷厂。印刷厂的干部、工人，按照各自的分工，紧张有序地开始工作。1939年1月1日早晨5时多，2000份《大众日报》创刊号全部印出。

在创刊号的显眼位置，刊登着“坚持抗战，克服困难，准备反攻”12个大字。一版刊登了发刊词，阐明了办报宗旨。自此，《大众日报》成为中共中央山东分局机关报，成为引导和鼓舞山东抗日军民团结战斗、夺取抗战胜利的战斗号角。

> 《大众日报》的创刊，其意义非常重大。它当时是中共中央山东分局为了动员人民起来抗战，宣传共产党的主张，向全省人民公开发行的一张党报。可说《大众日报》的创刊，是山东报业的新开端、新纪元。
>
> ——匡亚明《回忆〈大众日报〉的创刊》

《大众日报》编前会议

《大众日报》排版车间

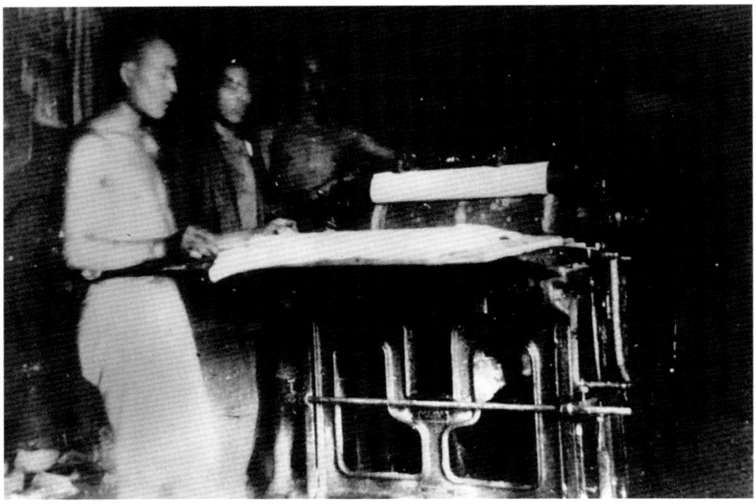

《大众日报》印刷车间

《大众日报》工作人员在油印报纸

报纸的发行主要靠我党的交通员徒步肩挑来完成。为了穿过一条条封锁线，交通员常常在晚间送报，他们冒着生命危险，把一张张报纸送到读者手中。

《大众日报》初期发行2000份，两个月后，就增加到了五六千份。

1940年元旦，《大众日报》创刊一周年之际，毛泽东为之题词："动员报纸，刊物，学校，宣传团体，文化艺术团体，军队政治机关，民众团体，及其他一切可能力量，以提高民族觉悟，发扬民族自信心，与自尊心，反对任何投降妥协的企图，坚持抗战到底，不怕困难，不怕牺牲，我们一定要自由，我们一定要胜利。”毛泽东的题词成为《大众日报》坚持的办报指导方针。

《大众日报》创刊一周年纪念特刊

由于战事频繁，报社被迫不断转移，但《大众日报》在艰苦的战争环境中一直坚持出版。在抗战岁月中，《大众日报》忠实传达党的声音，动员军民、鼓舞军民，成为抗战烽火中的红色号角。

本期档案： 山东省内现存最早的党旗

年份： 1939年

馆藏： 山东省沂水县档案馆

第9集　山东现存最早的党旗

这面制作于1939年的党旗，是中共中央山东分局几位妇女干部缝制的。党旗的设计模仿了苏联共产党党旗的样式，长80厘米，宽40厘米，旗面为红褐色，左上方有一颗黄色的五角星，中央偏左上方有一个黄色的镰刀斧头图案，右下角是中国共产党的英文缩写。这是山东省内现存最早的一面党旗。

1938年11月，中共苏鲁豫皖边区省委迁到了沂水县王庄。12月，中共苏鲁豫皖边区省委改为中共中央山东分局。

民运工作会议参会人员合影

为发展党组织，山东分局民运工作团挨村挨户地宣传党的主张，发展党员，播撒火种。

1939年春，山东分局妇女干部赵煜琴将马头崖村的进步青年刘洪秀发展成为党员，并把一面她与几位妇女干部缝制的党旗交给了刘洪秀，叮嘱他说："以后发展党员，新党员都要在党旗下宣誓，对党旗宣誓就是对党宣誓。"

"上面的镰刀斧头，表明共产党是无产阶级的政党；血红的底色，表明共产党员要为工农和劳苦大众的解放而奋斗，献出生命与热血也在所不辞。"赵煜琴向刘洪秀讲解党旗的含义，也为刘洪秀上了一堂生动的党课。

——《档案里的山东红色记忆》

刘洪秀

民兵队伍在行军途中

刘洪秀以走村串户卖货作掩护，秘密发展党员。他向乡亲们宣传党的抗战决心，让乡亲们相信，中国共产党是一个心系百姓安危、能让百姓翻身解放的党。在低矮的草屋里，刘洪秀带领新党员在这面党旗下宣誓，他们握紧右拳高举，立下“永远跟着党走”的誓言。

到1939年底，在不足200户的马头崖村，刘洪秀先后分两批发展了54名党员。到1940年上半年，村里又有十几人参加中国共产党领导的抗日队伍。很快，杨家峪、松柏崖、石棚等村的村民纷纷加入中国共产党，共产党员踊跃参军参战，成为各村抗战的带头人。

抗战时期，日军对沂蒙山区进行频繁的“扫荡”。刘洪秀坚守“人在党旗在”的誓言，为了保护好这面党旗，他把党旗缝进衣服里、被褥里，藏在房梁上、石墙里、地窖里，后又装进木匣子藏在山洞里。在抗战岁月里，刘洪秀把党旗看得比命还重要。

从1939年接过党旗，刘洪秀共发展了100多名党员。

1989年，刘洪秀把这面用生命守护了半个世纪的党旗交给了党组织。

刘洪秀把党旗交给了党组织

这不就是我的生命了嘛！

——刘洪秀口述

这面党旗，见证了抗日战争时期的艰苦斗争，激励着无数党员和群众为民族独立和人民解放而奋斗。今天，它不仅是爱国主义教育的珍贵实物，也是“党群同心、军民情深、水乳交融、生死与共”的沂蒙精神的生动写照。

本期档案：陆房突围战斗中缴获的日军刺刀和头盔

年份：1939年

馆藏：山东省肥城市档案馆

第10集　陆房突围战斗

这把抗日战争时期的日军刺刀和这顶日军头盔，是1939年5月八路军第115师在陆房突围战斗中缴获的。

它们是日军侵略中国的历史物证，也是山东军民奋勇抗战的历史见证。

1939年3月，八路军第115师代师长陈光、政治委员罗荣桓率师部和第686团挺进山东。3月中旬，第115师在汶河以南，连续拔除宁阳县葛石店、东平县围里等伪军据点，消灭伪军1000余人。3月下旬至4月底，第115师在山东纵队第六支队配合下，先后在东平县郑海、肥城县（今肥城市）阎王桥、东平县林马庄一带，粉碎日军三次“扫荡”。第115师在泰西山区连续打击日伪军，直接威慑日伪军占据的战略要地济南和津浦铁路，引起日军的极大恐慌。

济南旧照

津浦铁路济南站旧址

5月初，日军驻山东最高指挥官尾高龟藏纠集日伪军8000余人，大炮100余门，分9路向泰安、肥城山区合围而来。

5月11日，第115师师部、第686团、津浦支队、山东纵队第六支队及地方党政机关3000余人，被敌围困在肥城陆房一带不足10平方公里的狭小区域内。各部队迅速抢占陆房村周围制高点，凭险据守。

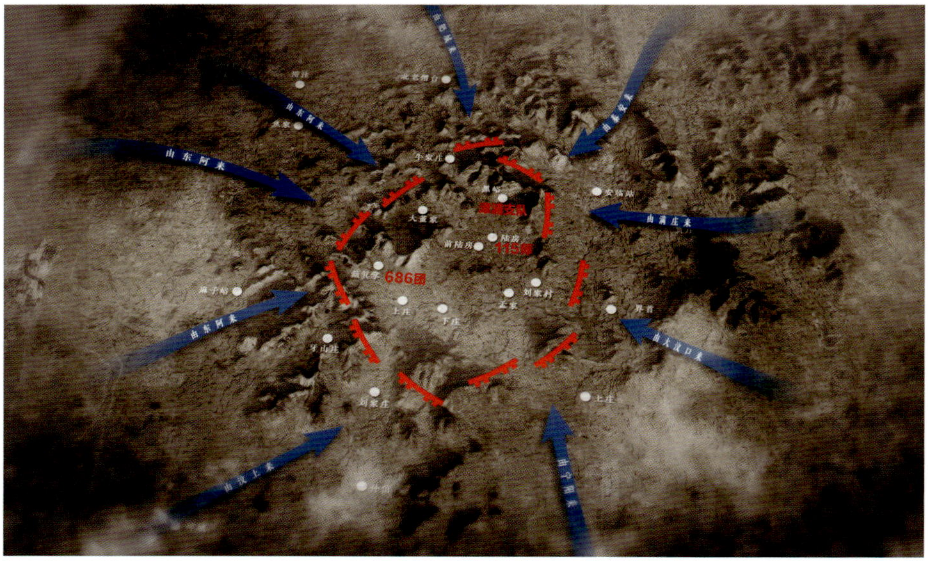

陆房突围战形势图

随着一声声炮响，一团团烟雾卷上天空。鬼子的山炮向我肥猪山、岈山等阵地狂轰滥炸。顿时，起伏的山峦上硝烟弥漫，沙石飞崩。鬼子的步兵、骑兵分多路向肥猪山、岈山运动，企图攻占我肥猪山、岈山等阵地。

——王六生（时任686团一营教导员）回忆文章《钢铁阵地——回忆陆房战斗》

面对敌人的猛烈攻势，八路军将士坚守阵地，进行顽强抗击。

敌人冲上来，我们打下去；再冲上来，再打下去；一直把鬼子压在山下。

——王六生（时任686团一营教导员）回忆文章《钢铁阵地——回忆陆房战斗》

激战至中午，第686团在守卫的肥猪山、岈山、黄土岭一线，连续打退敌人十几次轮番进攻。坚守在凤凰山一线的津浦支队，采取近战猛打战术，消灭了数百名敌人。冀鲁边七团和师直特务营，以刺刀和手榴弹与敌人搏斗，守卫鸠山、蛤蟆山一线。

陆房突围战部分参战部队

我方的鹁子山阵地，最后虽仅存四人，仍顽强抵抗，击退敌人七次，收获了在鹁子山下杀敌二百余的战绩……

当时敌人虽然一度突入阵地的东南方，但我们的骑兵又立即用反冲锋把敌人砍回去。

——1941年5月10日《大众日报》康矛召文章

《陆房突围的回忆》

血战持续了一天。黄昏时分，不善夜战的日军开始收缩兵力，监视被包围的八路军部队的行动，企图天明后再次发起攻击。

当晚10时许，八路军参战部队与地方党政人员在当地村民的带领下，沿小路沟渠分三路成功突围。

陆房突围战战场一角

陆房突围战中被我军击毁的日军运输车队

第 115 师和山东纵队第六支队胜利突围到达东平无盐村

此次战斗，第115师等部伤亡200余人，毙伤日伪军1300余人，创造了我军机动灵活、以少胜多的经典战例。

陆房突围战，是八路军第115师挺进山东后对日军进行的首次大规模战斗。这次战斗，粉碎了日军歼灭八路军第115师主力部队和鲁西党政机关的企图，保存了抗日力量，振奋了抗战军民的士气，对八路军的发展壮大和山东抗日根据地的建立具有重要意义。

本期档案：刘家莲子坡村“识字班”照片

年份：1940年代

馆藏：山东省档案馆

第11集　识字班

这张珍贵的照片，记录了抗战时期莒南县刘家莲子坡村的女青年在识字班学习的场景。教大家识字的老师叫林守明，后排梳长辫子的学生是她的姐姐林守英，姊妹俩是千千万万识字班学员的代表。

全民族抗战初期，八路军来到了沂蒙山。为提升民众的文化素质，沂蒙党组织开展了一系列文化扫盲运动，识字班就是其中的一种。

识字班一般在农忙后的中午上课，讲课的人不光有小学教师，还有一些县区干部，往往是走到哪里，就把课堂设在哪里。识字班的学生男女老幼都有，但其中青年妇女的学习热情最为高涨。

这个识字班也和其他小学一样，冬夏两季，各放假半月，一月一测验，一星期一检讨，并能经常上课。

——祁青若（时任山东省妇女救国总会副会长）《介绍一个庄妇女识字班的生产与教育》

课后，妇女们利用劳动空闲时间复习，各村的墙上、地上到处写满了字，干什么活就学什么字，这位正在纺纱的妇女跟前就写着“纺纱”二字。

正在纺纱的妇女跟前小黑板上写着“纺纱”二字

识字班里真模范，俺到课堂去上班，一直上到下两点，回到家中快纺线；各人识字各人好，妇女地位得提高，能看书来能看报，也能看那北海票……

——《识字班歌》

学员们进步很快，识字班如雨后春笋般迅速发展起来。

沂蒙山抗日根据地妇女在识字班上课

沂南县 60 名识字班学生合影

平邑县农村妇女写黑板报宣传党的政策

据《大众日报》记载，1941年3月，沂蒙地区的识字班一共开展225处，学员4502人；到1943年，仅莒南县的妇女识字班就有520多个，学员15700人。

由于女青年坚持得最好，成绩也最突出，所以在沂蒙大地，识字班从抗战时期的学习组织，渐渐演变成年轻姑娘的代名词。

原本目不识丁的农村妇女，经过识字班的学习，不仅掌握了基本的文化知识，更迅速提高了跟着共产党抗日救国的思想觉悟。

抗战后期，沂蒙山大批青壮年男子上了前线，这里的年轻女性主动承担起越来越多的重任。她们筹军粮、做军鞋、救护伤员，抚育革命后代，动员丈夫、儿子、兄弟参军参战，积极参与支援前线，加紧后方生产，为抗日战争和解放战争的胜利做出了不可磨灭的贡献。

沂蒙地区的妇女担架队

山东抗日根据地的妇女自卫队

在革命战争年代，共产党八路军与人民群众水乳交融、生死与共，共同铸就了沂蒙精神。而以识字班为代表的沂蒙女性，支持革命、献身革命，成为中华民族革命红色历史上一个独特的、光荣的符号，也将在红色基因传承中熠熠闪光。

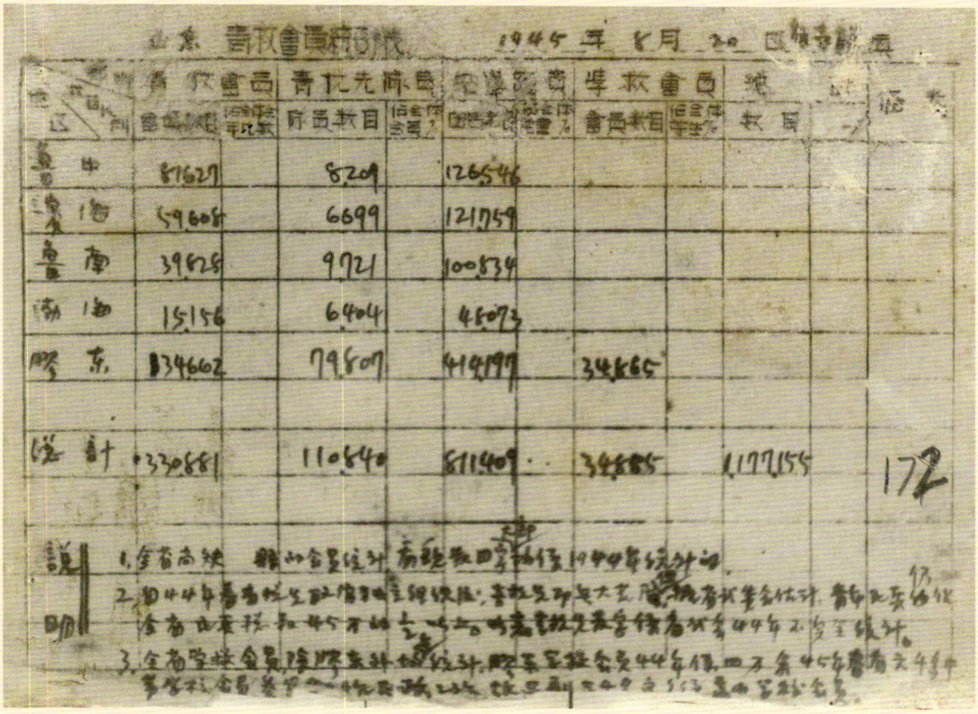

山东青救会员统计表　1945年8月

区别	青救会员 会员数目	占全体青年%	青抗先队员 队员数目	占全体会员%	儿童团员 团员数目	占全体儿童%	学救会员 会员数目	占全体学生%	总计 数目		备考
鲁中	87627		8209		126546						
滨海	59608		6699		121759						
鲁南	39628		9721		100834						
渤海	15156		6404		45073						
胶东	134662		79807		419197		34865				
总计	330881		110840		811409		34885		1177155		172

本期档案：1945年山东青救会员统计表

年份：1945年

馆藏：山东省档案馆

第12集　山东儿童团

这份档案，是1945年8月山东省青年救国联合会整理的《山东青救会员统计表》。其中有一个特殊的群众团体——抗日儿童团组织，统计显示团员数量达811409人。

这个数字背后，是抗日战争时期山东抗日根据地80余万少年儿童，在中国共产党的领导下，积极参与抗日斗争，成为全民族抗战中的一支重要力量。

八路军山东游击第五支队后司少先队

1937年底，中共胶东特委在天福山举行武装起义后，一批少年加入抗日队伍。随后，起义部队组建了少年先锋队。1938年5月，山东省委直接领导的徂徕山起义部队在沂水县建立儿童团和少先队，覆盖20多个村庄。

1939年，苏鲁战区青救会设立儿童部，当地儿童团组织普遍发展起来。

> 战争的烽火，不仅燃烧起一些醉生梦死的人们，连儿童们也站立起来了。
>
> ——1940年《妇女生活》田雨文章《敌人铁蹄下我们的后代》

1940年8月，《山东省青年救国联合会组织条例》颁布，明确规定要设立儿童工作部，从县到村，普遍建立儿童团组织，在党和青年救国联合会的领导下开展活动。

在中国共产党的动员和组织下，儿童团组织在山东抗日根据地广泛建立起来。

儿童团盘查路条

儿童团团员积极参加抗日小学、夜校的学习，一边读书，一边参加抗日活动。他们站岗放哨，深入敌后，侦察敌情，为八路军传递重要情报。

我们儿童团员轮流在村口站岗，爬在大树上或站在围墙上屋顶上放哨，发现敌情，马上报告村干部。

——陈进鹏（原寿北抗日根据地抗日儿童团员）回忆文章《炮火中的抗日少年先锋》

儿童团员站岗放哨

他们走村上街，贴抗日标语，写抗日口号，并组建“孩子剧团”，利用演剧、唱歌等方式，宣传抗日救亡的道理，激发群众的爱国热情。

在党组织培养下，他们在识字班、庄户学里像“小先生”一样，教群众认字。

沂水县小诸葛庄儿童团在进行歌咏活动

胶东青年抗日救国联合会“孩子剧团”演出《快乐舞》剧照

文登县儿童团与八路军合影

儿童团员开荒

训练中的儿童团员

他们还积极参与生产，帮助抗日军人家属拾柴、打扫，募集钱粮慰问前线。

> 准备好了吗？时刻准备着，我们都是共产儿童团。将来的主人，必定是我们，嘀嘀嗒嘀嗒嘀嘀嗒嘀嗒……
>
> ——《共产主义儿童团团歌》

这些儿童团员，扛起红缨枪，唱着抗日歌曲，与日本侵略者斗智斗勇，在抗日烽火中逐渐成长为一支重要的革命力量。

这些儿童团员，壮大了抗日队伍的力量，为抗战胜利做出了重要贡献。

本期档案：战时托儿所孩子们的合影

年份：1939—1942年

馆藏：山东省档案馆

第13集　沂蒙战时托儿所

这张照片拍摄于抗日战争时期沂蒙山区的战时托儿所。托儿所孩子们的父母在前线英勇杀敌，沂蒙山区的妇女们担负起了照顾和抚育这些孩子的任务。

照片背后鱼水情深的感人故事，是“党群同心、军民情深、水乳交融、生死与共”的沂蒙精神的生动写照。

1939年6月29日，八路军第一纵队司令员徐向前、政委朱瑞等率领机关人员，转移到了沂南县马牧池乡东辛庄。

跟随八路军干部来到村里的，还有他们的孩子。这些孩子长期跟随部队转战奔波，一个个面黄肌瘦。村妇救会会长王换于看着十分心疼，她找到了八路军第一纵队司令员徐向前，主动要求照料这些孩子。

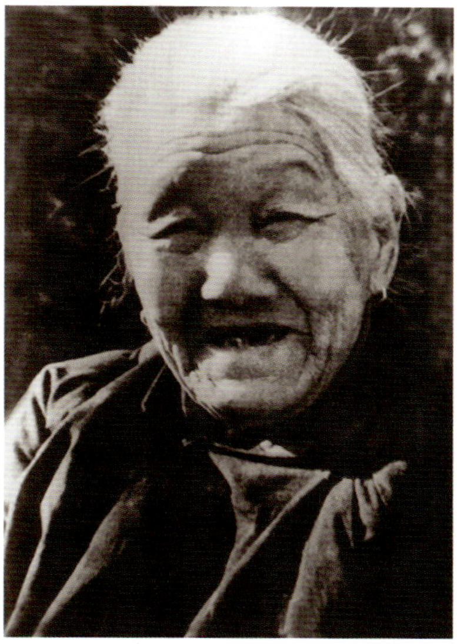

“沂蒙母亲”王换于

1939年10月，战时托儿所成立。第一批的27个孩子，最大的七八岁，最小的才出生3天。王换于挨村挨户打听，哪家有哺乳期的妇女，就把需要喂奶的孩子给她抚养，把稍大一点的孩子送到可靠的人家照料。

当时王换于的两个儿媳都还在哺乳期，她们照顾自己孩子的同时，还哺育了托儿所的7个孩子。

> 八路军的孩子啊，妈妈爸爸去打日本鬼子去了，咱不得好上看啊，这是应该的。
>
> ——张淑贞（王换于的儿媳）口述

1941—1942年，日军对沂蒙山区进行频繁大“扫荡”。这时托儿所的孩子已经有41个。遇到敌人“扫荡”，王换于就带着孩子躲进山洞，最长一次在洞里住了两个多月。

在环境十分恶劣的情况下，王换于率领全家全力掩护这些孩子，把仅有的粮食留给他们，她的两个儿媳把奶水也省下给托儿所年幼的孩子。在之后的3年里，王换于的4个孙子先后夭折，而托儿所的孩子们没有受到任何损失。

王换于和她的儿媳（左起：二儿媳陈洪良、王换于、大儿媳张淑贞）

沂蒙战时托儿所的孩子们

到1942年底，战时托儿所的孩子们陆续被父母和组织领走。1943年后，又有45个孩子在战时托儿所被抚养长大，最晚的到1948年才离开。

王换于因照料抚养了八路军第一纵队机关工作人员和革命烈士的近百名革命后代，被誉为“沂蒙母亲”。

> 小的时候，父母对我讲……你们是山东人民群众抚养大的。你们最不能忘记的是人民，尤其是不能忘了哺育你们长大的沂蒙山区的人民群众。
>
> ——罗荣桓之子罗东进口述

2003年，沂蒙母亲王换于纪念馆建成。当年战时托儿所的孩子们一批批回到这里，泪流满面地喊着“娘”，长跪在王换于的塑像前。

抗日战争时期，沂蒙山区涌现出一批妇女英雄群体，她们送子参军、送夫支前，缝军衣、做军鞋，舍生忘死救伤员，不遗余力抚养革命后代，被誉为“沂蒙红嫂”“沂蒙母亲”。她们用朴实无私的行动，生动诠释了伟大的沂蒙精神。

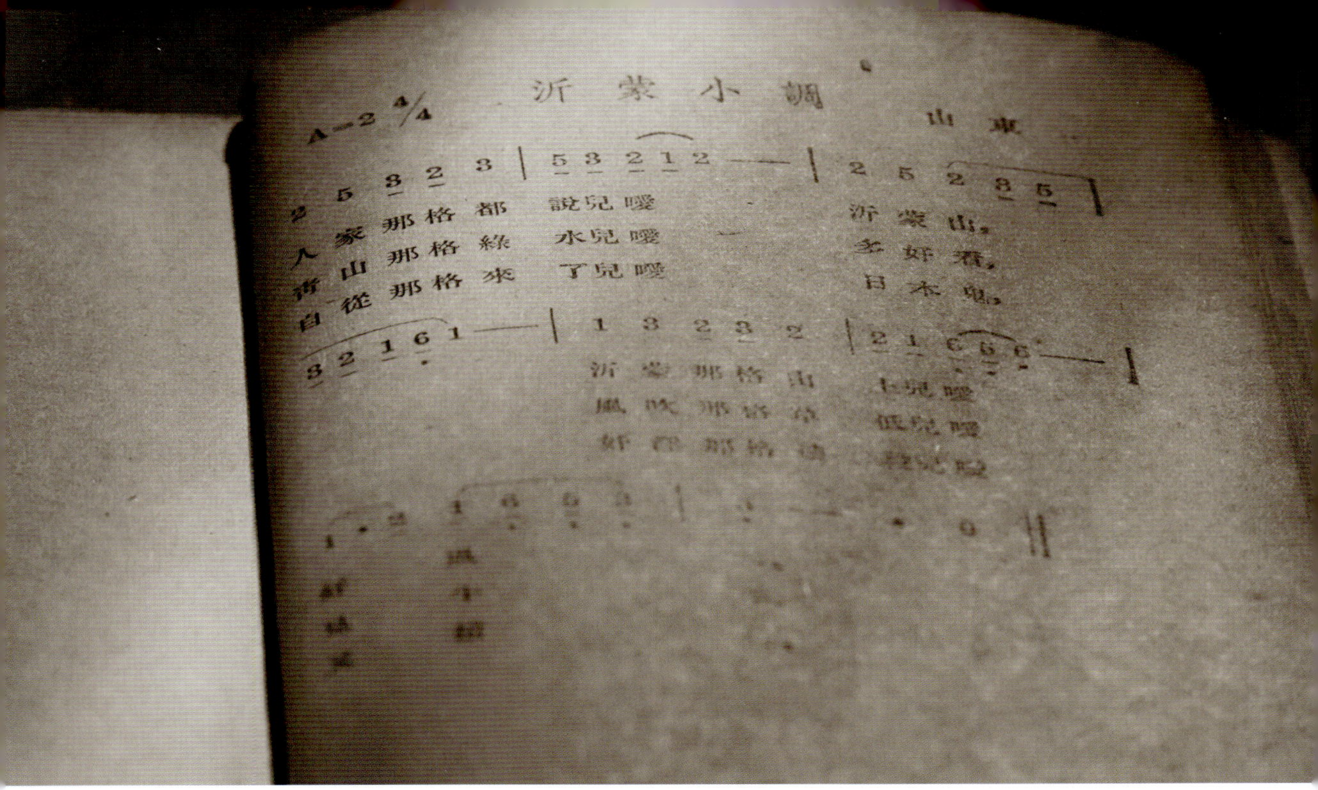

本期档案：《沂蒙小调》印刷版

年份： 1949年

馆藏： 山东省档案馆

第14集　沂蒙山小调

1949年出版的《民歌集》中收录的《沂蒙小调》，是迄今发现最早的《沂蒙山小调》印刷版。这首《沂蒙山小调》没有提及词曲作者，歌词也只有3段。

这首抗战时期诞生于沂蒙山抗日根据地的歌曲，最早叫《反对“黄沙会”》，原歌词共8段。

1940年1月，奉命转战山东的中国人民抗日军政大学一分校1300多人抵达沂南县孙祖、张庄一带，30多名文工团团员进驻蒙山望海楼山下的白石屋村。

1940 年春中国人民抗日军政大学一分校文工团合影

此时，刚刚建立不久的沂蒙山抗日根据地面临着日伪军“扫荡”，以及国民党顽固派支持的“黄沙会”的双重威胁。

当时在费县北马头崖地区，地处深山老林，当地恶霸地主勾结国民党残匪，以抗日为名，搞起了封建会道门“黄沙会”，设神坛，造谣惑众，并称只要入了会烧香拜神，鬼子来了，八路军来了都可刀枪不入，欺骗群众。

——阮若珊《在战斗中成长》

黄沙会头子刘乃林裹胁上百名群众上山，强迫他们拿枪和我军对抗。

——张鸿树《好政委刘惠东》

中共中央山东分局决定扫除“黄沙会”。1940年6月，受文工团团长袁成隆指派，19岁的阮若珊与23岁的李林接到了一项任务——配合扫除“黄沙会”写一首歌。

115 师战士剧社和抗大一分校文工团、山东分局姊妹剧社部分人员合影（前排左二为阮若珊，右一为李林）

这对革命恋人，在白石屋村一间茅屋中，以门板为桌、石块为凳，在油灯下连夜创作出了《反对“黄沙会”》。

歌词共8段，前2段唱沂蒙山的好风光，后6段揭露“黄沙会”的罪行。

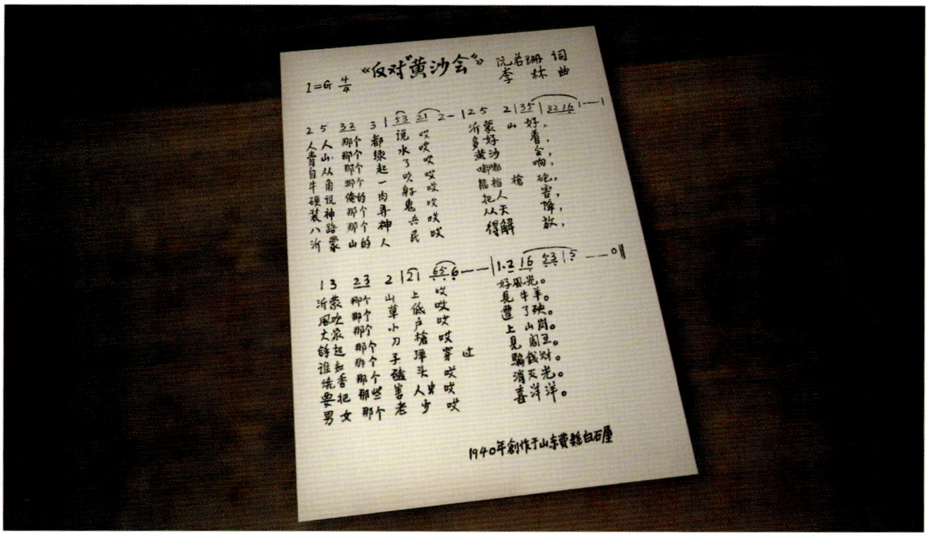

《反对“黄沙会”》曲谱

李林根据山东、河北一带流传的民间曲加工谱成，曲调优美，富有山东人的情趣……

——阮若珊《在战斗中成长》

文工团员们走村串户教唱，当群众听到“装神弄鬼把人害，烧香磕头骗钱财，八路神兵从天降，要把害人虫消灭光”时，纷纷觉醒，开始抵制“黄沙会”。

当月，八路军山东纵队经过激战，彻底击溃了“黄沙会”。

8月1日，阮若珊在庆功会上唱起了这首歌，根据地人民深受感染，很多人当场报名参军。

《沂蒙山小调》诞生地巨石碑

随着革命形势的变化，阮若珊和李林保留了前两段歌词，将反对“黄沙会”的段落改为抗日的内容，并将歌曲更名为《沂蒙小调》，这首歌也被越来越多的人传唱。

1953年，山东军区文工团重新修改词曲，并续加了两段歌词，将抗日主题改为歌颂家乡的主题，形成了现在人们耳熟能详的《沂蒙山小调》。

80多年来，《沂蒙山小调》久唱不衰。这首诞生于战火中的优美歌曲，既是革命历史的音乐记录，也是当代弘扬红色文化的重要载体。

本期档案：山东省联合大会特刊

年份：1941年

馆藏：山东省档案馆

第15集　山东省联合大会

1941年冬，日军发动对沂蒙山区的大“扫荡”。山东省临时参议会副参议长马保三找到沂南县马牧池乡东辛庄村妇救会会长王换于，把一本书托付给她保管。从此以后，王换于历尽千辛万苦，把这本书秘密守护了38年。这本书，就是《山东省联合大会特刊》。

八路军主力进入山东后，1939年5月19日，中共中央在关于山东工作的指示中强调：八路军部队或地方游击队，如无政权则决不能发展巩固与建立根据地，因此已得政权决不应放弃，并还应努力争取新的县区政权。根据指示，中共中央山东分局要求，凡是有条件的地方都要建立抗日民主政权。6月初，山东分局派出一批干部到各地组建县、区、乡抗日民主政权。此后，山东抗日民主政权有了很大发展。到1940年7月，山东抗日根据地内已经成立1个行政主任公署、9个专员公署、66个县级抗日民主政府及300个区乡抗日政府。

随着山东各抗日根据地的发展和各地抗日民主政权的建立，1940年7月26日，山东省各界代表联合大会在沂南县青驼寺开幕。300多名代表依次入场，席地而坐。当时细雨蒙蒙，但会场内的气氛十分热烈。

> 联合大会的开成，是由于三年来各方面奋斗的结果，这个大会是有其伟大的历史意义和政治意义的，在山东可说是空前的创举。
>
> ——《山东省联合大会特刊》开幕词

这份430页、20多万字的《山东省联合大会特刊》完整地收录了大会会歌、日程、开幕词、政治报告、各机构成员名单等近百份珍贵文件资料，全面地汇集大会文件，记载了大会盛况。

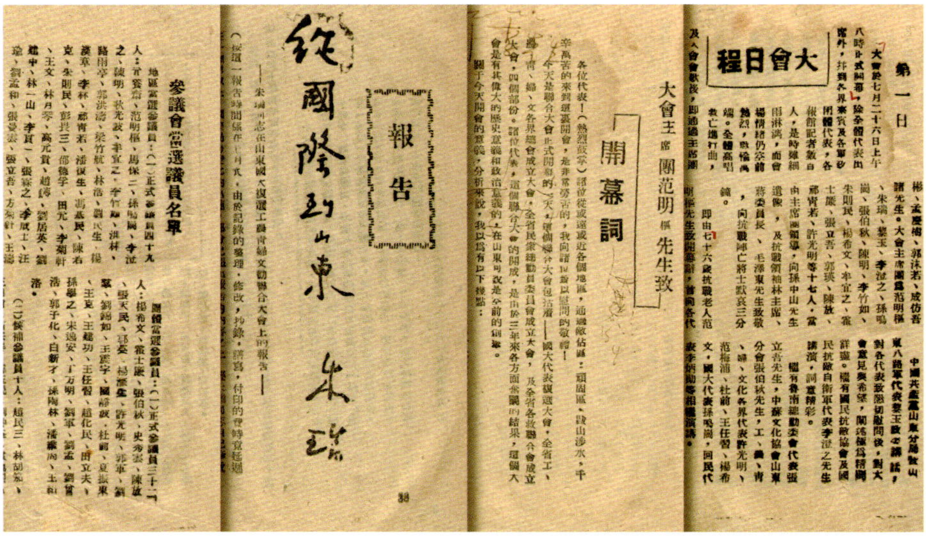

《山东省联合大会特刊》部分内页

人民群众欢迎大会代表入场

山东省联合大会现场

山东省联合大会闭幕典礼会场

大会为期一个月，代表们先后听取了中共中央山东分局书记朱瑞、八路军代表黎玉，以及工、农、青、妇、文各界人士代表所作的关于形势和任务等方面的报告。

会议选举产生了山东省临时参议会，范明枢为参议长；选举产生了省级行政机关——山东省战时工作推行委员会，黎玉任首席组长。

山东省级统一的抗日民主政权的诞生，标志着山东抗日民主根据地正式形成。

> 因临时参议会之成立，全省民意与民力得以集中与发扬，因战时工作推行委员会之产生，抗战工作得以开展，抗日政权得其指导……山东抗日阵地之巩固，与团结到底抗战到底国策之坚持，亦自此奠其始基。
>
> ——《联合大会宣言》

此后，山东省临时参议会、山东省战时工作推行委员会先后制定了《减租减息暂行条例》《人权保障条例》等一系列条例、章程，对山东抗日根据地的发展起到了重要推动作用。

到1940年底，山东抗日根据地已有2个行政主任公署、10个专员公署和79个县政府，面积达到6.3万平方公里，人口1200多万。在中国共产党的领导下，山东抗日根据地逐渐形成了一个自上而下、完整系统的抗日民主政权，为抗战胜利奠定了坚实的基础。

本期档案： 莒南县民主选举照片

年份： 1944年

馆藏： 山东省档案馆

第16集　莒南县民主选举

这组珍贵的照片，记录了抗日战争时期莒南县一场民主选举的场景。

1940年3月6日，中共中央发出关于政权问题的指示，要求抗日民主政权建立“三三制”，即共产党员、非党左派进步分子、中间派分子各占三分之一。6月，中共中央山东分局作出《关于政权问题的新决定》，要求山东抗日根据地内各级抗日民主政府、参议会实行“三三制”原则，普遍发动群众，民主选举政权。

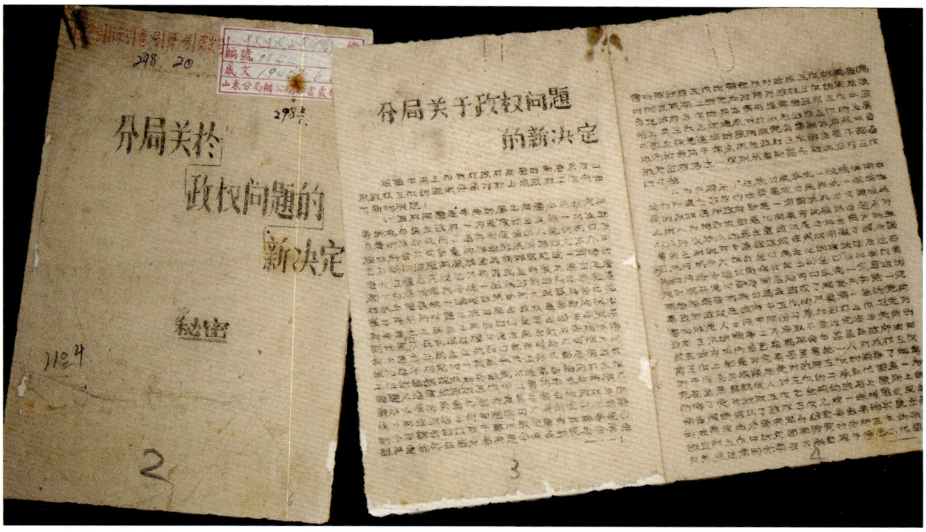

中共中央山东分局《关于政权问题的新决定》

凡中华民国之国民，无论男女、种族、宗教、职业、阶级之区别，在政治上一律平等。

——1940年11月山东省临时参议会公布施行的《人权保障条例》

实行普选时，凡居住本县境内之人民，年满十八岁以上者，无党派、职业、男女、宗教、民族、财产、文化程度之区别，均有选举与被选举权。

——1940年3月15日《大众日报》刊载《县各级参议会选举条例草案》

莒南县积极贯彻“三三制”，采用多种方式进行民主选举，成为敌后抗日民主政权建设的典范。

后图是莒南县“豆选”县长的场景。因为当时农民文化水平普遍较低，一些人还是文盲，莒南县采用这种方式进行选举，以保证大多数群众能够行使民主权利。

莒南县群众用“豆选”法进行民主选举场景

群众分组讨论候选人

“豆选”时，候选人坐成一排，每人身后放置一个空碗。每位选民分得一粒豆子，豆子便是“选票”。选民选谁，就在谁的碗中投豆，最后根据豆粒多少确定人选。

“金豆豆，银豆豆，颗颗不能随便丢；选好人，办好事，投在好人碗里头。”这是抗战时期抗日根据地老百姓称赞“豆选”的民谣。

民主选出的女参议员

1945 年，莒南县参议员大会会场

1942年莒南县某村选举时，96%的选民到会参选。参选选民中有白发苍苍的长者与佝偻着身体的老大娘。

——《山东抗日根据地志》

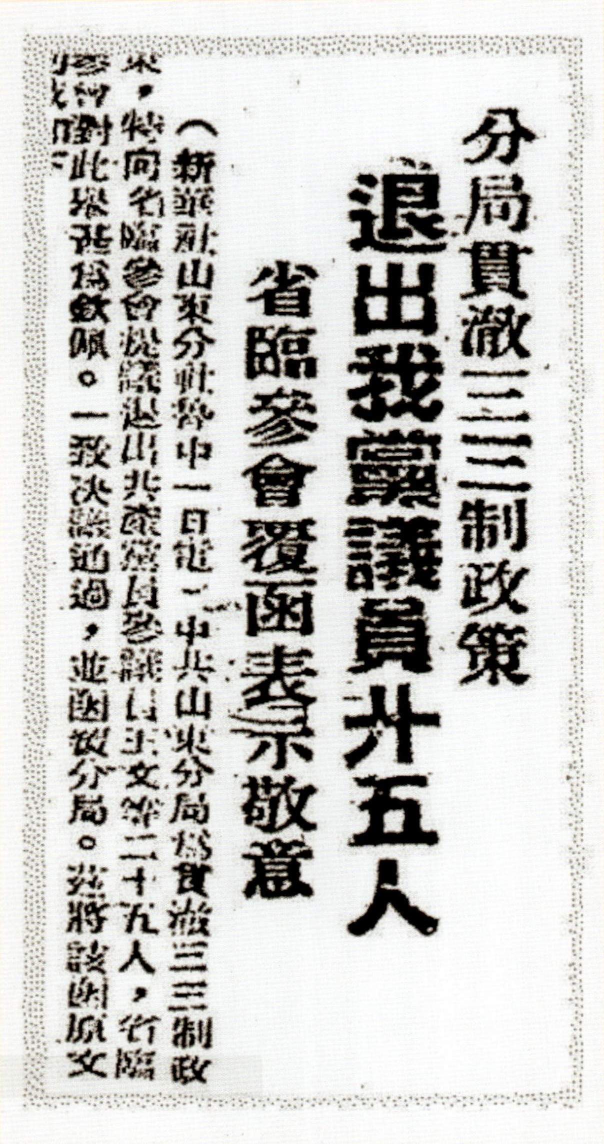

分局貫澈三三制政策

退出我黨議員卅五人

省臨參會覆函表示敬意

（新華社山東分社魯中一日電）中共山東分局為貫澈三三制政策，特向省臨參會提議退出共產黨員參議員王文等二十九人，省臨參會對此舉甚為欽佩。一致決議通過，並函覆分局。茲將該函原文

1943年9月3日，《大众日报》关于山东分局贯彻“三三制”政策的报道

山东抗日根据地认真贯彻中共中央关于建立“三三制”抗日民主政权的政策，县级政权绝大多数实行民主选举，取消乡级政权，村政权由村民直接选举产生，选出了一批庄户县长、牛倌区长、长工村长，使饱受几千年封建压迫的劳动人民当家作主，真正登上了政治舞台。

抗日战争时期，山东抗日根据地普遍建立以群众民主选举为基础、以“三三制”为原则的抗日民主政权，使抗日民主政权、参议会成为真正代表人民意愿的权力机关。

山东抗日民主政权成立后，在抗日根据地内进行了一系列新民主主义的政治、经济、文化建设，赢得了人民群众的信赖，使根据地呈现出崭新面貌，为长期坚持敌后抗战、争取抗日战争的胜利奠定了坚实基础。

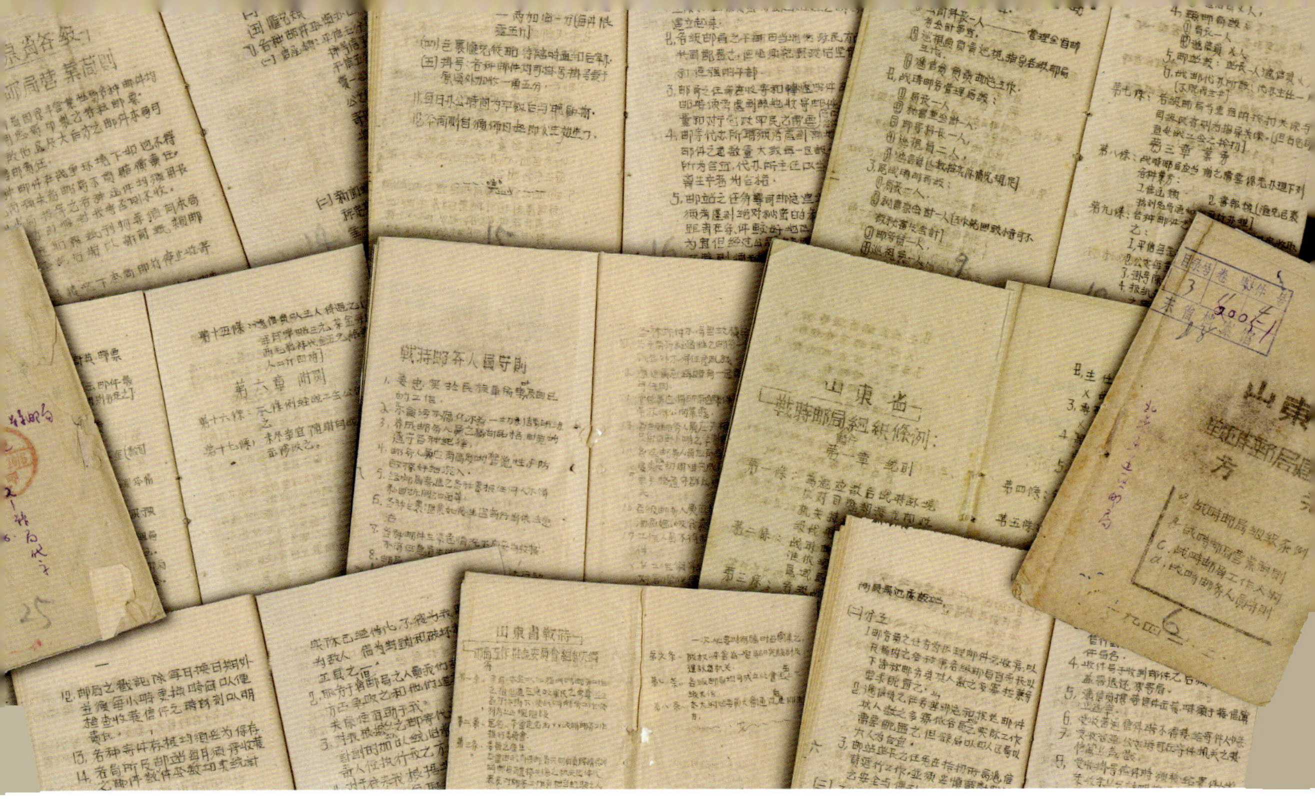

本期档案：山东省战时邮局建设方案

年份：1942年

馆藏：山东省档案馆

第17集　山东战时邮局

这份珍贵的档案，是1942年2月山东省战时工作推行委员会颁布的《山东省战时邮局建设方案》，是抗战期间构建山东邮局的历史蓝本。

> 为适应敌后战时环境，反对日寇封锁我邮政机关，特建立山东省各级战时邮局。
>
> ——1942年2月《山东省战时邮局建设方案》

抗日战争进入相持阶段后，由于敌人的分割与封锁，山东各抗日根据地之间的联系变得非常困难。为了打破敌人的封锁，加强各根据地之间的交通联系，1938年12月，中共中央山东分局、山东纵队在沂水县王庄成立交通总站，各专区地委所在地设交通分站，各县设交通站。刚刚成立的交通站人数不多，他们风雨无阻，昼夜不停地奔驰在交通线上。

1941年7月，山东分局指定山东省战时工作推行委员会组织筹建山东战时邮局。

> 分局书记朱瑞同志对我说："中央指示，要各抗日根据地积极开展书刊报纸出版发行工作，开辟各抗日根据地之间的交通联系，也可以采用战时邮局的组织形式，使各抗日根据地相互联系起来。"
>
> ——赵志刚（时任山东战时邮务总局局长）《山东战邮回忆录》

赵志刚等人根据抗日根据地战时的特点和任务，起草了这份《山东战时邮局建设方案》，包括组织条例、营业细则、工作大纲、人员守则等一整套战时邮局的法规性文件。

1941年10月，山东分局、山东省战时工作推行委员会、山东军区及《大众日报》社等机关成立了山东省战时邮务推进委员会，决定将各机关所属的交通机构合并，组成战时邮政机构。

1942年2月7日，山东省战时邮务总局在沂蒙山区双泉峪子村宣告成立。赵志刚任局长。

1942年，交通员管兆修（右一）去中共中央北方局传递机密文件时的合影

在不到6个月的时间里，各地区的邮政管理机构相继建立起来，各战略区相继建立了邮务管理局、专署和县设邮政局、区设邮务代办所，开辟了通往胶东、渤海、泰山、湖西等地的12条省内主要交通干线，总里程达17235里，形成了一张较完整的战时邮务通信网。

山东战时邮政系统承担了党内文件传递、党报党刊发行、战略物资运送和群众信件转运、押运、投递等重要任务。

> 全山东各战略区的地方报纸每次共发行到四万二千八百多份，二年来发行了将近一千七百多万份报纸，还有大批的书籍、小册子。
>
> ——赵志刚（时任山东战时邮务总局局长）《两年来山东战邮工作概括总结及今后任务》

战邮交通员日夜奔走在传递邮件的“生死邮路”上，克服一切艰难险阻，千方百计地保证党政军通信任务的完成，许多战邮交通员付出了鲜血和生命。

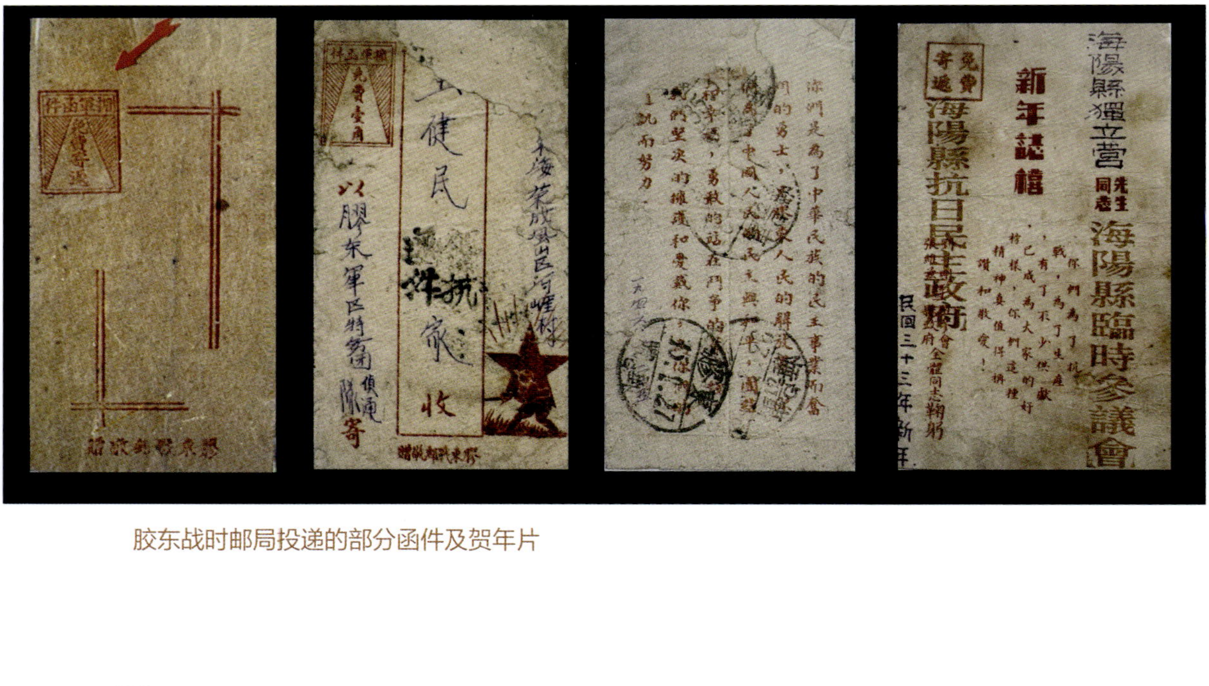

胶东战时邮局投递的部分函件及贺年片

1943 年，滨海区邮政劳模大会合影

山东战邮干部训练班在莒南县东甘霖村合影

韩本富同志虽被敌活埋也不屈服；李东同志被捕六次，均忍受了敌人的苦刑后逃出了；另外一个交通员同志，在敌人“扫荡”时，路上被敌人用刺刀捅死苏醒后，又带伤把信件送走了。

——赵志刚（时任山东战时邮务总局局长）《两年来山东战邮工作概括总结及今后任务》

据1944年8月统计，山东抗日根据地有干、支线邮站108个，战邮人员2462名，邮路总长度17235里，确保了党中央战略部署与战术指令的传达畅通，对夺取抗日战争的胜利发挥了不可替代的重要作用。

本期档案：抗大一分校指战员掩护部队突围照片

年份：1941年

馆藏：山东省档案馆

第18集　大青山突围

这张拍摄于1941年的珍贵照片，记录了中国人民抗日军政大学一分校指战员在大青山突围中阻击日伪军进攻，掩护部队突围的场景。

这场战斗突破了日军的合围，保存了大批抗日骨干力量，粉碎了日军妄图消灭山东抗日根据地党政军机关的阴谋。

1941年11月，日伪军5万余人在飞机、坦克的配合下，对沂蒙山抗日根据地发动了铁壁合围大"扫荡"。

向大青山地区转移的八路军战士

抗大一分校学员阻击日军进攻

抗大一分校学员在转移途中

日军“扫荡”沂蒙山抗日根据地

11月30日，中共中央山东分局、山东省战工会、八路军第115师机关和抗日军政大学一分校校部及部分学员转移到大青山时遭日伪军包围。

次日拂晓，东北山口突然响起了急促的枪声。接着就看到五大队军事哨位点起烽烟报急信号。不到1个小时，敌人就摆开了合围的架势。

——郝云虹（时任抗大一分校军事教员）回忆文章《气壮山河的大青山突围》

危急时刻，抗大一分校校长周纯全立即组织第五、第二两个大队及各机关警卫队抢占有利地形，奋勇抗击敌人，掩护党政机关人员突围。

我们20～30个带枪的人（大部分是短枪、手榴弹，只有几支马步枪），一齐喊着杀声冲了上去。手榴弹、长短枪一齐开火，把敌人顶住了，我们冲上去的人员也有几个同志牺牲了。

——刘钢（时任抗大一分校校部侦察队副班长）回忆文章《浴血奋战大青山》

日军“扫荡”后的山东抗日根据地村庄

八路军指战员在反“扫荡”战斗中

抗大一分校第五大队第二中队坚守梧桐沟北侧阵地，指导员程克在与日军肉搏中壮烈牺牲。第五中队队长邱则民在大顶山北侧阵地阻击敌人，仅凭借一挺轻机枪击退日军数次冲锋，直至弹药耗尽，跳崖牺牲。

抗大一分校学员打开突围通道

第五大队且战且走，干部、勤杂人员都奋勇参加了抗击，和敌人拼搏。这个倒下去，那个冲上来，前仆后继，宁死不屈。

——孔福亭（时任抗大一分校第五大队政治处组织干事）回忆文章《忆大青山战斗》

经过一天的浴血奋战，一万多军民往蒙山深处胜利突围。

此次突围战斗，抗大一分校以伤亡800余名学员的代价，延缓了日伪军的合围，为大部队的突围争取了宝贵的时间。

日军这次近两个月的大“扫荡”，使用兵力之多、持续时间之长、屠杀之凶残，以及人民财产损失之大，都是前所未有的。在反“扫荡”中，八路军作战150余次，歼敌2000余人，粉碎了敌人的铁壁合围，取得了胜利。但根据地军民也付出了很大代价，八路军伤亡1400多人，人民群众被杀3000余人。山东省战工会副主任兼秘书长陈明，八路军第115师敌工部副部长王立人，鲁中军区司令员刘海涛，山东纵队政治部宣传部部长刘子超，山东妇救会负责人陈若克，德国友人、太平洋学会记者汉斯·希伯等人壮烈牺牲。

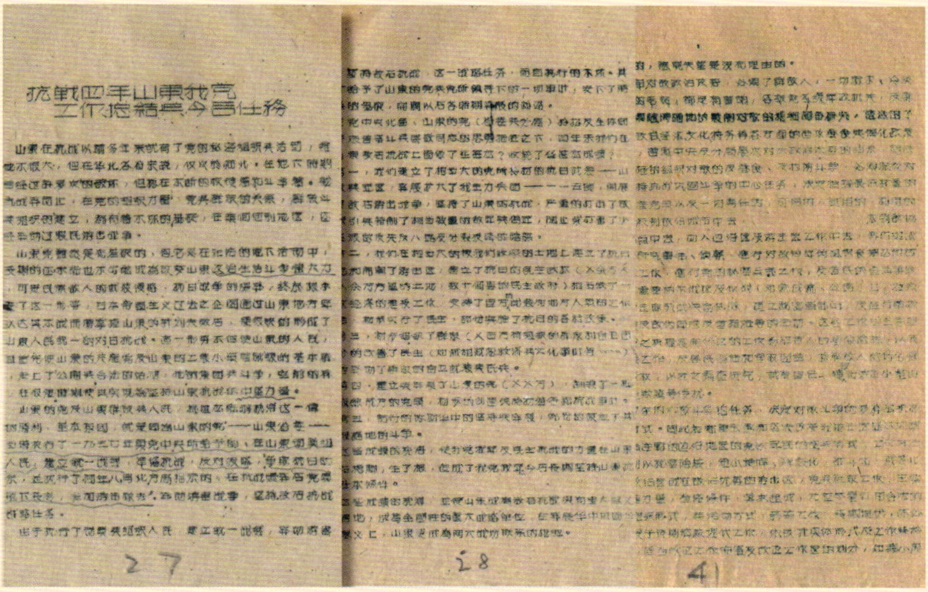

抗戰四年山東我黨工作總結與今後任務

本期档案：抗战四年山东我党工作总结与今后任务

年份：1942年

馆藏：山东省档案馆

第19集　刘少奇到山东

1942年，山东抗日根据地处于极端困难时期。

日军在华北推行“治安强化运动”，疯狂“扫荡”抗日根据地。1941年至1942年，日军向山东抗日根据地出动万人以上的“扫荡”达9次，千人以上的“扫荡”有70多次，千人以下的“扫荡”和出扰几乎每天都有。

频繁的“扫荡”和国民党顽固派的封锁，使山东抗日根据地的面积较之前大为缩小。连年的旱灾、蝗灾又造成严重饥荒，山东抗日军民衣食极度匮乏。

此时，中共中央山东分局、第115师和山东纵队有关领导同志，对反“扫荡”策略和群众工作等问题产生分歧。

1942年2月4日，毛泽东致电准备从苏北回延安参加党的七大的中共中央政治局候补委员、中共中央华中局书记、新四军政治委员刘少奇，命其代表中共中央解决山东问题。

1942年4月10日，刘少奇到达中共中央山东分局、第115师驻地临沭县朱樊村。

> 一进山东境内，（刘少奇）便不顾疲劳地找群众调查访问，了解群众组织、减租减息、群众生产和生活、阶级关系等情况。
>
> ——黎玉、陈沂、高克亭《胜利的转折，历史的功绩——忆刘少奇1942年在山东》

> 白天谈不完的工作晚上谈，一次搞不透彻的问题就反复议，常常通宵达旦……
>
> 在朱樊，他听了各方面的意见，并要求山东分局把党政军民的有关材料都送来，把分局的机关刊物《斗争》也找一份齐全的。少奇同志对所有重要材料都亲自过目，进行了系统的认真的研究。
>
> ——肖华《艰苦岁月》

经过半个多月的调查研究和认真分析，1942年4月26日，刘少奇召集中共中央山东分局扩大会议，充分肯定山东坚持敌后抗战取得的主要成绩，批评了存在的错误和缺点。

刘少奇的报告，极大地鼓舞了山东干部，使大家深受启发，开阔眼界。

随后两天，刘少奇又召集山东军政委员会会议和山东分局及山东军政委员会联席会议，讨论山东战略方针部署和主要干部配备、山东地方部队同第115师之间的关系等问题。经过讨论，主要负责同志的认识渐趋一致。

在刘少奇的指导下，山东分局制定了关于《抗战四年山东我党工作总结与今后任务》的决议，并着重抓了三件事：一是发动群众减租减息，二是统一山东的军事领导，三是妥善地处理“国民党抗敌同志协会”妨碍抗战工作开展的问题。这对推动山东工作的转变起了关键作用。

从4月底到5月，刘少奇结合山东工作的实际情况，有针对性地作了《关于山东工作》《群众运动问题》《中国革命的战略与策略问题》《改造政权问题》《思想方法问题》等8个重要报告，对提高山东抗日根据地广大党员干部的理论水平和领导水平，产生了深远影响。

1942年7月下旬，刘少奇又踏上前往延安的路程。

1943年3月，根据中共中央决定，罗荣桓任山东军区司令员、政治委员，第115师政治委员兼代师长。9月，罗荣桓任中共中央山东分局书记。

此后的两年间，山东在对敌斗争、实行减租减息、开展大生产运动、进行整风运动、发动战役攻势、扩大根据地和武装力量等方面，都取得了重大成绩，抗战局面为之一新。

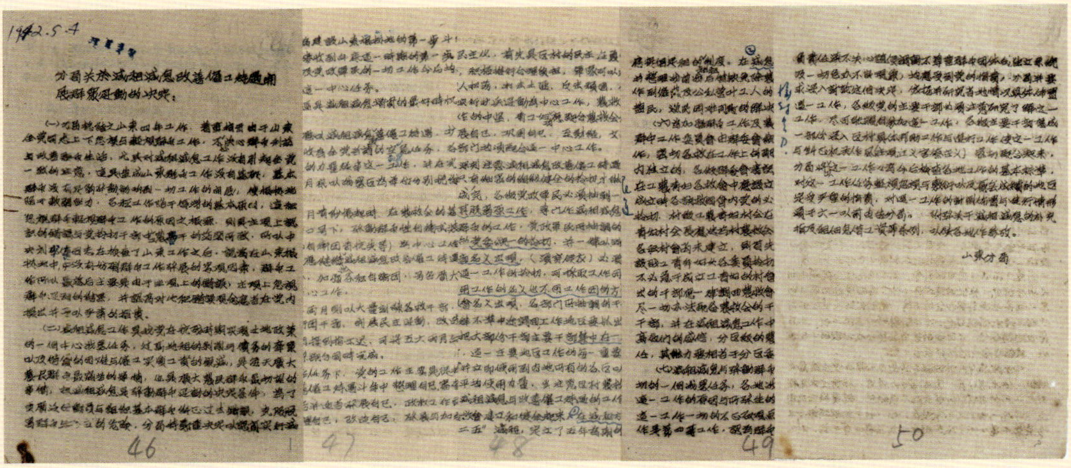

本期档案： 关于减租减息改善雇工待遇开展群众运动的决定

年份： 1942年

馆藏： 山东省档案馆

第20集　山东减租减息运动

1942年5月4日，中共中央山东分局颁布《关于减租减息改善雇工待遇开展群众运动的决定》，提出“以认真实行减租减息发动群众运动为建设山东根据地的第一步斗争任务”。

随后，山东省战时工作推行委员会出台一系列相关政策法令，山东抗日根据地迅速开展起减租减息群众运动。

全民族抗战爆发后，为了团结一切抗日力量，建立、巩固和扩大抗日民族统一战线，夺取抗战的胜利，中国共产党将土地革命时期没收地主土地的政策，改变为减租减息的政策。1937年8月，在洛川会议上，中共中央提出“以减租减息作为抗日战争时期解决农民问题的基本政策”。

1939年11月1日，中共中央发出《关于深入群众工作的决定》，明确提出在八路军、新四军活动区域，必须实行减租减息，废除苛捐杂税。1939年11月6日，中共中央就山东及鲁苏战区工作发出指示，要求在八路军控制区域，以党政军为力量，真正改善群众生活，切切实实执行减租减息政策。

中共中央的决定和指示，对山东抗日根据地的减租减息工作起到了很大的推动作用。1940年9月，山东省临时参议会审议通过《山东省战时施政纲领》，确定了实行“双减”、改善人民生活等12项工作。同年11月，《减租减息暂行条例》公布，农村减租减息工作逐渐开展起来。

然而，由于当时的战争形势，减租减息运动仅在群众基础较好的泰西、鲁西地区进行，并没有在山东抗日根据地普遍展开。

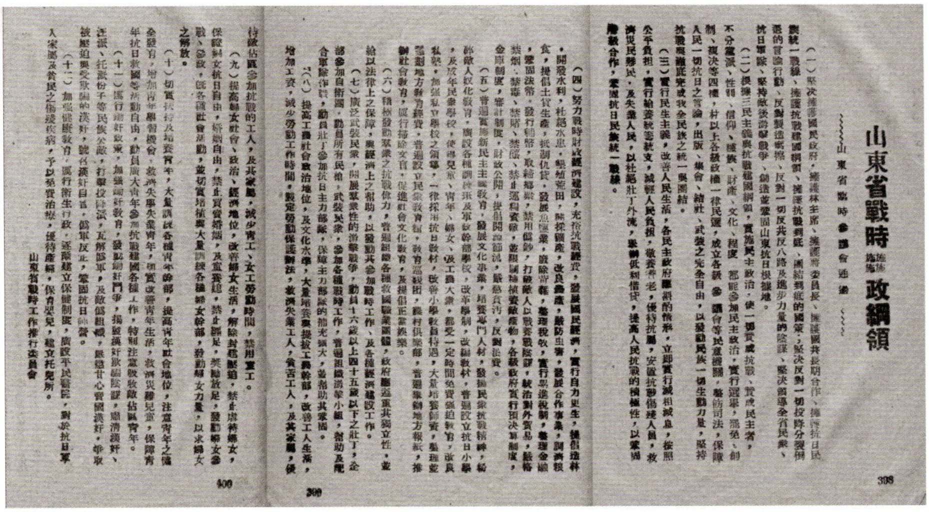
山東省戰時施政綱領

山東省臨時參議會通過

（一）堅決擁護國民政府，擁護林主席、擁護蔣委員長，擁護國共長期合作，擁護抗日民族統一戰線，擁護抗戰建國綱領，擁護抗戰到底、團結到底的國策，堅決反對一切投降分裂倒退的言論行動，反對製造磨擦，反對一切反共反八路及進步力量的陰謀，堅決領導全省民衆、抗日軍隊，堅持敵後游擊戰爭，創造並鞏固山東抗日根據地。

（二）擁護三民主義與抗戰建國綱領，實施民主政治，使一切贊成抗戰、贊成民主者，不分黨派、性別、信仰、種族、財產、文化、程度，都能參加民主政治，實行選舉、罷免、創制、複決等四權，村以上各級政權一律民選，成立各級參議會等民意機關，整飭司法，保障人民一切抗日之言論、出版、集會、結社、武裝之完全自由，以發動民族一切生動力量，堅持抗戰與澈底完成我全民族之統一與團結。

（三）實行民生主義，改善人民生活，各民主政府應斟酌情形，立即實行減租減息，按照公平負担，實行給養統籌統支，減輕人民負担，救養孤老，優待抗屬，安置抗戰傷殘人員，救濟災民難民，及失業人民，以杜絕壯丁外流，舉辦低利借貸，提高人民抗戰的積極性，以鞏固團結合作，鞏固抗日民族統一戰線。

398

（四）努力戰時財政經濟建設，充裕抗戰經費，發展國民經濟，實行自力更生，提倡造林，開發水利，杜絕水患，墾殖荒田，開採礦產，改良畜產，嚴防虫害，發展合作事業，調濟糧食，提倡土貨生產，抵制仇貨，發展魚鹽業，廢除苛雜，整理稅收，實行累進稅制，整理金融，鞏固法幣，發行輔幣，取締雜鈔，禁用偽鈔，打破敵人以戰養戰陰謀，統治對外貿易，嚴格禁烟、禁毒、禁賭、禁娼、禁止運糧資敵，並嚴厲緝私資敵貨物，各級政府實行預決算制度，金庫制度，審計制度，財政公開，提倡節約節流，嚴懲貪污，反對浪費。

（五）普遍實施新民主主義教育，發展文化事業，培養專門人材，發揚民衆抗戰精神，掃除敵人奴化教育，廣設各種訓練班及軍政幹部學校，改革學制，改編教材，普遍設立抗日小學，及成年民衆學校，使得兒童、青年、婦女、及工農大衆，都受一定時間免費強迫教育，改良私塾，加強私立學校之領導，一律採用抗日教材，改善小學教員待遇，大量培養師資，整理並籌劃地方教育經費，普遍設立民衆教育館，教育巡視團，鄉村俱樂部，普遍舉辦地方報紙，推動社會教育，厲行掃除文盲，促進社會文化教育，及提倡正當娛樂。

（六）積極發動羣衆之抗戰偉力，普遍組織各種救國職業團體，政府應尊重其獨立性，並給以法律上之保障，與經濟上之幫助，以發動其參加戰時工作，及各種經濟建設工作。

（七）廣泛武裝民衆，開展羣衆性的游擊戰爭，動員十六歲以上四十五歲以下之壯丁，全部參加自衛團，動員所有民槍，武裝民衆，參加各種戰時工作，普遍組織游擊小組，幫助及配合軍隊作戰，動員壯丁參加抗日主力部隊，保障主力部隊的補充擴大，並幫助其家屬。

（八）提高工農社會政治地位，及文化水準，大量培養與提拔工農幹部，改善工人生活，增加工資，減少勞動工作時間，規定勞動保護辦法，救濟失業工人，貧苦工人，及其家屬，優

399

待敵佔區參加抗戰的工人，及其家屬，減少青工、女工勞動時間，禁用童工。

（九）提高婦女社會、政治、經濟地位，改善婦女生活，解除封建壓迫，禁止虐待婦女，保證婦女抗日自由，婚姻自由，禁止買賣婚姻，及童養媳，禁止纏足，獎勵放足，發動婦女參戰、參政，及各種社會活動，並切實培植與大量訓練各級婦女幹部，發動婦女力量，以求婦女之解放。

（十）切實扶植及培養青年，大量訓練各種青年幹部，提高青年社會地位，注意青年之健全發育，增加青年學習機會，救濟失學失業青年，切實改善青年生活，救濟災難兒童，保障青年抗日救國等活動自由，動員廣大青年參加抗戰建國各種工作，特別注意敵佔區青年。

（十一）厲行鋤奸政策，加強鋤奸教育，發動鋤奸鬥爭，揭破漢奸欺騙陰謀，肅清漢奸、汪派、托派份子等民族公敵，打擊投降派，瓦解偽軍，及敵偽組織，嚴懲甘心賣國漢奸，爭取被壓迫與受欺騙的漢奸，號召漢奸自首，偽軍反正，鞏固抗日陣營。

（十二）加強健康教育，厲行衛生行政，逐漸建立保健制度，廣設平民醫院，對於抗日軍人家屬及貧民之傷殘疾病，予以免費治療，優待產婦，保育嬰兒，設立托兒所。

山東省戰時工作推行委員會

400

《山东省战时施政纲领》

莒南大店减租大会会址

减租减息运动中农民分到了粮食

平禹县四区群众集会，欢庆“双减”斗争的胜利

1942年1月28日，中共中央政治局通过《中共中央关于抗日根据地土地政策的决定》，指出党的土地政策是实行减租减息，并详尽规定了减租减息的各项具体政策。2月6日，中共中央又发出《中央关于如何执行土地政策决定的指示》，要求一切没有实行减租减息，没有发动起群众的地区，迅速实行减租减息，迅速把群众发动起来。

1942年4月，中共中央政治局候补委员、中共中央华中局书记、新四军政治委员刘少奇，受中共中央和毛泽东委托，在返回延安途中，取道山东，解决山东问题。来到山东后，刘少奇经过深入调查研究，明确指出：群众工作是山东各项工作中最薄弱的一环。发动群众运动的中心环节，就是要轰轰烈烈地开展大规模的减租减息运动。

1942年5月4日，中共中央山东分局作出《关于减租减息改善雇工待遇开展群众运动的决定》，确定以减租减息作为突破口，推动各项群众运动的开展。接着，山东省战工会颁发了《山东省改善雇工待遇暂行办法》《山东省租佃暂行条例》《山东省借贷暂行条例》，并在全省施行。

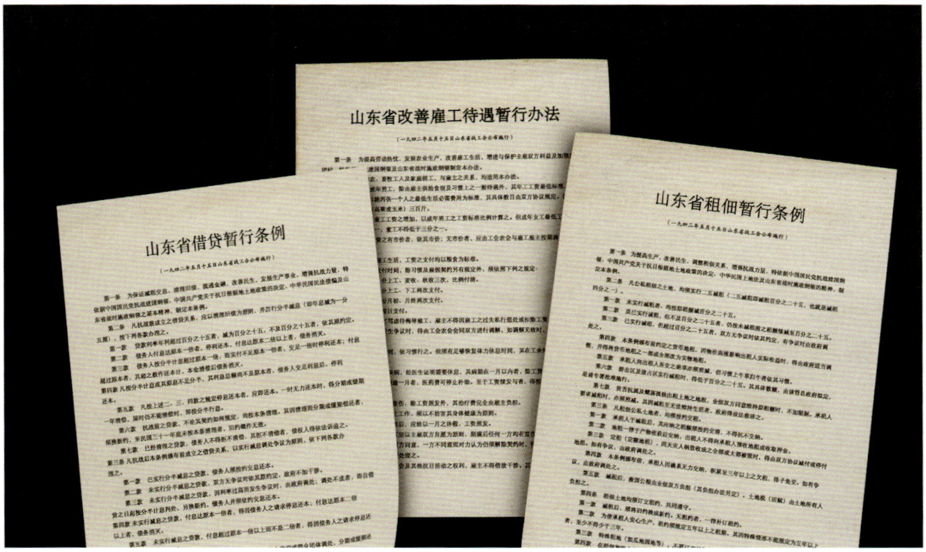

1942年5月15日，山东省战工会公布实施《山东省改善雇工待遇暂行办法》《山东省租佃暂行条例》《山东省借贷暂行条例》

随后，山东分局以滨海区的莒南、临沭两县作为实验中心县，抽调200名多干部，组成减租减息工作团开展了试点工作。

《大众日报》陆续发表10多篇社论和大量专题报道，宣传和推动减租减息群众运动。山东抗日根据地的减租减息工作如火如荼地开展起来。

> 人民从土豪劣绅如山的重负下得到了喘息，从切身利益中感到共产党、革命同他们的生存息息相关，极大地激发了广大群众的抗战热忱。根据地的每座村庄就变成了坚强的堡垒。
>
> ——肖华《艰苦岁月》

到1942年底，山东抗日根据地的民兵发展到近22万人，自卫团成员81万人。

山东抗日根据地的减租减息群众运动，自1942年夏开始，一直持续到1945年底才基本结束，历时三年半之久。山东减租减息运动，有力地发展、巩固了山东抗日根据地的群众基础，对山东抗日根据地渡过困难时期发挥了重要作用。

本期档案： 西海地下医院使用过的医疗器械

年份： 1942年

馆藏： 西海地下医院展览馆

第21集　西海地下医院

这是胶东西海地下医院使用过的医疗器械，它们见证了西海地下医院在人民群众的保护下，救治了大量八路军伤病员的战地医疗奇迹。

1942年11月，日军对胶东地区进行大规模拉网式大“扫荡”。八路军胶东军区西海军分区卫生所奉命转移到掖县与掖南县（今莱州市）的近40个村庄里隐蔽。

为了掩护和救治八路军伤员，掖县和掖南县两县县委提出“村村有地洞，个个能住人”的要求，发动党员群众，深挖地洞，将卫生所转入地下。

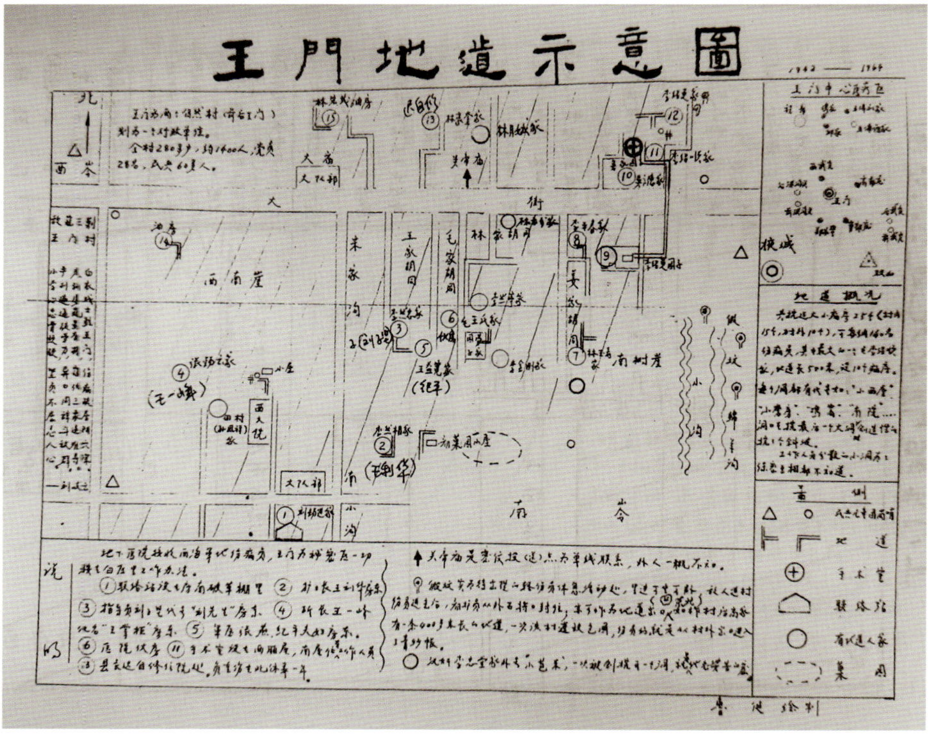

王门地道示意图

为了保密，挖洞只能在晚上进行。洞内狭小，人在里面直不起腰，甩不开膀子，只能一点一点地往下抠，要是碰上石头或硬土质，半天啃不下一筐土。

——刘子坚（时任胶东军区西海军分区地下医院指导员）回忆文章《西海地下医院》

党员、民兵、村民等用了几个月的时间，在近40个村庄的地下挖出病房，把洞口设在锅灶下、水井里、草垛里等隐蔽的地方，防止被敌人发现。

西海地下医院共设王门、西北障、朱旺、南掖和南招5个医疗区，仅在王门村的地下，就挖出大小病房25个。

伤病员从前方转移到医疗区后都住在地洞里，工作人员给伤病员治疗，送饭、送水，晒太阳等都要进洞出洞，工作量非常大。

——纪毅（时任胶东军区西海军分区地下医院政工人员）回忆文章《地下的太阳》

西海地下医院地道复原场景

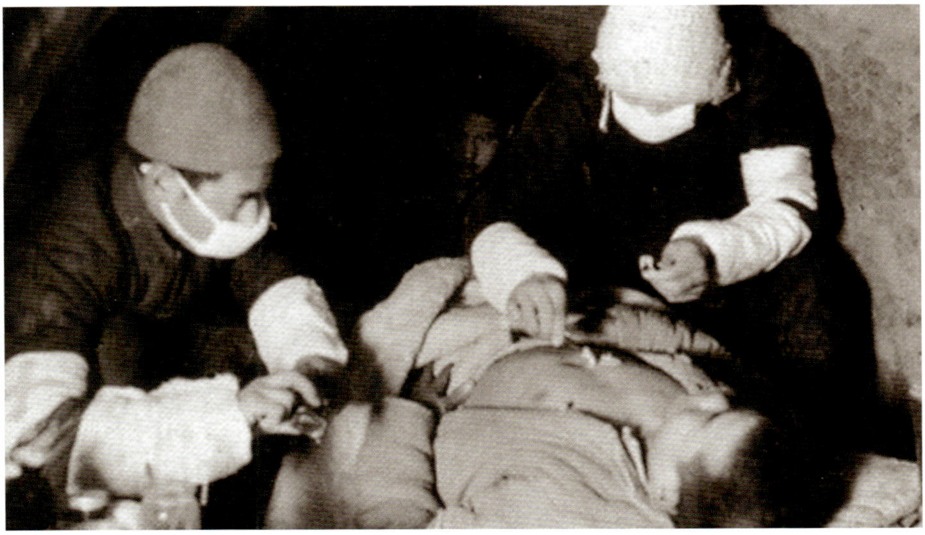

西海地下医院的医生在救治伤员

西海地下医院的部分医生和护理人员

洞里空气不好，光线不足，当时用的麻醉剂又是一种易燃品，不能在灯下用，所以手术室一定要设在地面上，手术在白天或在敌人袭击的空隙中迅速进行。

——《西海地下医院：云峰山作证》

地下医院不仅要克服缺医少药、转运伤员等困难，还要躲避日军的“扫荡”，王门村等村子每隔几天就要遭到日军挨家挨户地搜查。

一个上午，（日伪军）几乎把全村刨遍了，也没找到地洞痕迹。鬼子气急败坏的用刺刀、指挥刀威逼群众说出洞口在哪里。群众说：“俺村没有地洞！”日伪军就挥动着枪托、拳头打人，群众仍说：“没有。”

——王门村村民李振玉回忆文章《地下医院在我心中》

那些被拴着的百姓，被日军拖着走。我就跟老百姓在一块，没有一个老百姓说出八路军（和地下医院）在哪里。

——纪毅（时任胶东军区西海军分区地下医院政工人员）口述

村民们冒着极大的风险用生命保护着西海地下医院，从1942年到1944年，在胶东西海地下医院存在的两年多时间里，没有一个八路军伤员被敌人发现，没有一个医生、护士被敌人抓走。

许多伤病员后来讲，我们永远不会忘记掖县的人民，如果没有掖县人民对我们的帮助，我们早不存在了。我们永远不能忘本。

——刘子坚（时任胶东军区西海军分区地下医院指导员）口述

1944年，抗日战争进入局部战略反攻阶段，西海地下医院从地下转移到地上，迁至大泽山一带。至此，西海地下医院完成了历史使命。

两年多来，西海地下医院前后救治了2000多名伤员，使他们重返抗日前线，创造了战地医疗史上的奇迹。

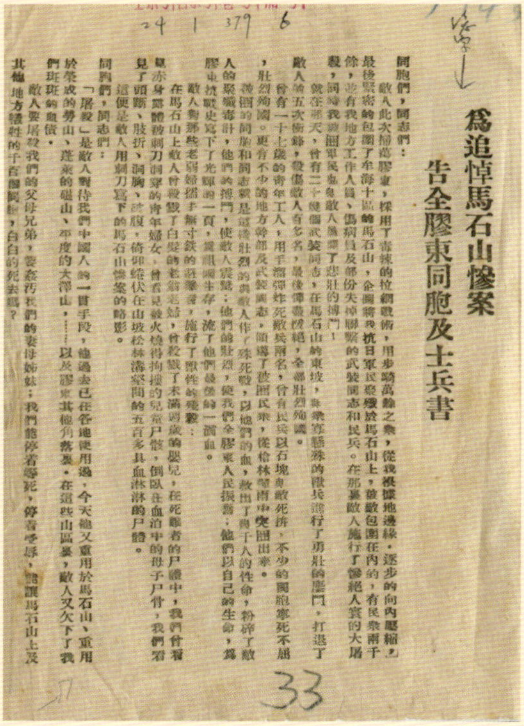

爲追悼馬石山慘案告全膠東同胞及士兵書

同胞們，同志們：

敵人此次掃蕩膠東，採用了毒辣的拉網戰術，用步騎萬餘之衆，從我根據地邊緣，逐步的向內壓縮，最後緊密的包圍了牟海十區的馬石山，企圖將我抗日軍民聚殲於馬石山上，被敵包圍在內的，有民衆兩千餘，並有我地方工作人員，傷病員及部份失掉聯繫的武裝同志和民兵。在那裏敵人施行了慘絕人寰的大屠殺，同時我被圍軍民亦與敵人進行了悲壯的搏鬥！

就在那天，曾有二十幾個武裝同志，在馬石山的東坡，與衆寡懸殊的敵兵進行了勇壯的鏖鬥，打退了敵人的五次衝鋒，殺傷敵人百多名，最後彈盡援絕，全部壯烈殉國。

曾有一十七歲的青年工人，用手榴彈炸死敵兵兩名，曾有民兵以石塊與敵死拚，不少的同胞寧死不屈，壯烈殉國。更有不少的地方幹部及武裝同志，領導了被圍民衆，從槍林彈雨中突圍出來。

被圍的同胞和同志就是這樣壯烈的與敵人作了殊死戰，以他們的血，救出了幾千人的性命，粉碎了敵人的聚殲毒計，他們的搏鬥，使敵人震驚；他們的壯烈，使我們全膠東人民振奮；他們以自己的生命，爲膠東抗戰史寫下了光輝的一頁，爲祖國生存，流了他們最後的一滴血。

敵人對那些老弱婦孺手無寸鐵的羣衆們，施行了獸性的殘殺：

在馬石山上敵人曾殺戮了白髮的老翁老婦，曾殺戮了未滿週歲的嬰兒，在死難者的尸體中，我們曾看見赤身露體被刺刀洞穿的青年婦女，曾看見被火燒得拘攣的兒童尸骸，倒臥在血泊中的母子尸骨，我們看見了頭斷、肢折、洞胸、破腹，倚仰蜷伏在山坡松林溝壑間的五百多具血淋淋的尸體。

這便是敵人用刺刀寫下的馬石山慘案的縮影。

同胞們，同志們：

「屠殺」是敵人對待我們中國人的一貫手段，他過去已在各地使用過，今天他又重用於馬石山、重用於榮成的勞山、蓬萊的磁山、平度的大澤山，……以及膠東其他角落裏。在這些山區裏，敵人又欠下了我們斑斑的血債。

敵人要屠殺我們的父母兄弟，要姦污我們的妻母姊妹；我們能停着等死，停着受辱，而讓馬石山上及其他地方犧牲的千百個同胞，白白的死去嗎？

本期档案：为追悼马石山惨案告全胶东同胞及士兵书

年份：1943年

馆藏：山东省档案馆

第22集　马石山惨案

被围的同胞和同志就是这样壮烈的与敌人作了殊死搏斗，以他们的血，救出了几千人的性命，粉碎了敌人的聚歼毒计。他们的搏斗，使敌人震惊；他们的壮烈，使我们全胶东人民振奋；他们以自己的生命，为胶东抗战史写下了光辉的一页……

1943年1月21日，在马石山惨案公祭大会上，胶东区行政主任公署副主任曹漫之宣读的这份《为追悼马石山惨案告全胶东同胞及士兵书》，激发了胶东人民的抗日斗志。

1942年，日伪军对山东抗日根据地进行更加疯狂的“扫荡”。这一年内，日伪军对山东抗日根据地千人以上的大“扫荡”就达40多次。

11月8日，日军华北方面军司令官冈村宁次飞往烟台，部署日伪军对胶东地区大“扫荡”。

11月17日，日军第12军司令官土桥一次指挥1.5万余人日军和5000余人伪军，开始对胶东抗日根据地进行拉网合围大“扫荡”。

11月21日，日军以牙山、马石山为中心，实施拉网合围，企图消灭胶东军区领导机关。

胶东军区和胶东地区党政机关，在八路军的掩护下，隐蔽地穿过日军封锁线，跳出日伪军的中心合围圈。

11月23日，日军到达马石山后，发现胶东军区和八路军主力部队已经转移。日军攻占马石山后，先后抓捕了500余名手无寸铁的群众，制造了惨绝人寰的马石山惨案。

> 我们曾看见赤身露体被刺刀洞穿的青年妇女，曾看见被火烧得佝偻的儿童尸骸，倒卧在血泊中的母子尸骨。我们看见了头断、肢折、洞胸、破腹，倚仰蜷伏在山坡松林沟壑间的五百多具血淋淋的尸体……
>
> ——《为追悼马石山惨案告全胶东同胞及士兵书》

> 二十四日，日军收“网”合围马石山。莱、海、栖等地群众两千多人被围困在山上。五旅第十三团一个交通班，在执行任务后途经马石山，毅然决定留下来带领乡亲们连夜突围。
>
> ——许世友《我在山东十六年》

日军在马石山
屠杀群众

马石山惨案中被屠杀的群众

交通班班长王殿元将10人分成3组，一边组织群众转移，一边分头联络失散的乡亲。凌晨4点，他们冒着敌人的弹雨，往返3次，掩护了近千名群众突围。

当他们第4次冲进包围圈带领群众突围时，日军已逼近山顶。10名八路军战士从凌晨4时激战到天明，一次次把敌人打下去，最后只剩下了王殿元和两名战士。子弹打光了，敌人冲上来时，3人紧紧拥抱在一起，拉响最后一颗手榴弹，和敌人同归于尽。

他们赢得了一个共同的光辉名字——马石山十勇士。

在这场反“扫荡”中，不少山东抗日军民在与日伪军的战斗中，献出了自己宝贵的生命。

> 曾有一十七岁的青年工人，用手榴弹炸死敌兵两名，曾有民兵以石块与敌死拼。不少的同胞宁死不屈，壮烈殉国，更有不少的地方干部及武装同志，领导了被困民众，从枪林弹雨中突围出来……
>
> ——《为追悼马石山惨案告全胶东同胞及士兵书》

山石作证，英魂永在。人民子弟兵为人民群众舍生忘死、英勇无畏的精神，铸造出一座英雄的丰碑，高高耸立在马石山上。

本期档案：胶东育儿所孩子们的合影

年份：1946年

馆藏：胶东育儿所纪念馆

第23集　胶东红色乳娘

1941年，胶东抗日根据地遭受日军频繁的“扫荡”，八路军主力和党政军机关被迫频繁转移，许多机关干部无法将孩子带在身边，有的将孩子送给老乡，有的忍痛把孩子放在路边，祈求能被好心人收养。

1942年7月，中共胶东区党委在牟海县（今乳山市）组建胶东育儿所，年轻的乳娘们义无反顾地承担起哺育八路军后代和烈士遗孤的任务。

当即收容孩子廿四名，所内组织机构也很简单，只有所长一人，会计兼事务一人，发动了十四名保育员……为了避免敌人的袭击，住址是经常移动不固定，所到之处，全是借用民房民具，毫无设施。

——《胶东育儿所调查统计表及保育工作总结报告》

1942年11月，日军对马石山一带实行了拉网式大“扫荡”，胶东育儿所分散在各个村庄的二三十个孩子都在日伪军的合击圈内。

敌人的合击圈越来越紧……有些空手的人们突围跑了，然而她们（乳娘）没能这样做，因为她们带着孩子……越在这样的紧急时机，她们越珍爱孩子，早把自己的生命置之度外了。

——《在战斗中生长壮大起来的育儿所》

危急时刻，八路军战士掩护群众突围。为了保证乳儿不被子弹击中，乳娘们和老乡们将孩子围在中间，然后弯着腰一起往外跑，最终冲出了包围圈，乳儿们全部脱险。

送到胶东育儿所的孩子越来越多，一批又一批乳娘加入进来。在艰苦的战争岁月里，乳娘们立下“人在孩子在”的诺言，以自己的血肉之躯和真情大爱保护着乳儿。

乳娘矫月志抱养的孩子患有严重贫血，她为孩子连续输血，育儿所送来了几个鸡蛋想给矫月志补补身子，她全部喂给了孩子；乳娘肖国英在躲逃“扫荡”中，把女儿藏在草窠子里，自己则抱着孩子跑上山，女儿从此落下了终生哮喘的病根；在敌机空袭中，乳娘李秀珍拼命将孩子护在身下，乳儿毫发无损，她自己却负了重伤。

抗战期间，100多名乳娘用乳汁哺育了200多名八路军的后代，这200多名孩子无一伤亡。

胶东育儿所部分工作人员

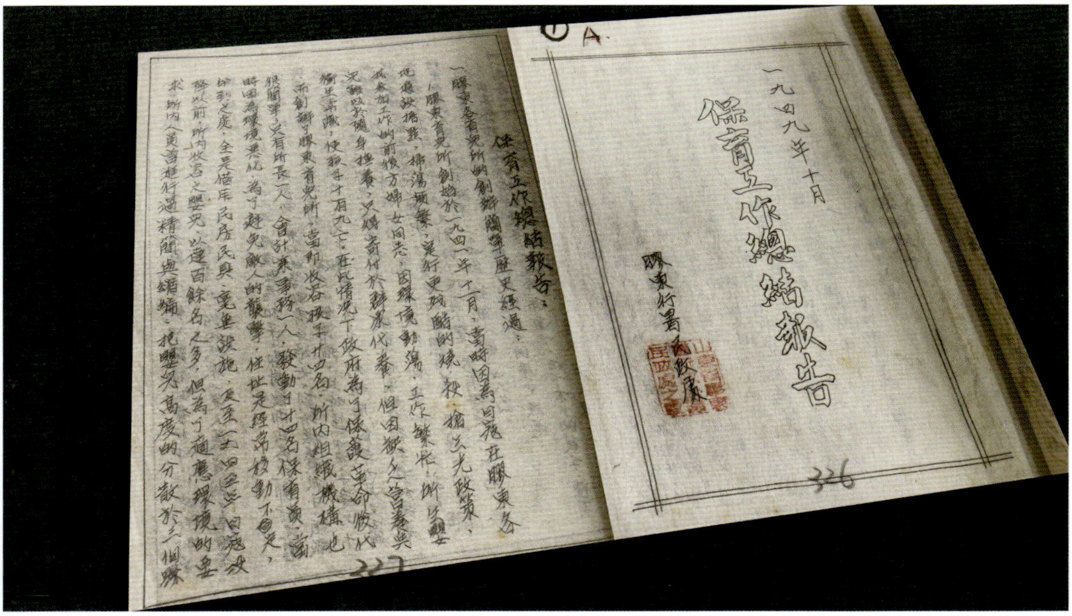

胶东育儿所《保育工作总结报告》

胶东育儿所的乳娘们

胶东育儿所的孩子们

这些乳娘，有一个共同的名字——胶东红色乳娘。

弟弟疲倦了，眼睛小。眼睛小，要睡觉，妈妈坐在摇篮边，把摇篮摇。我的小宝宝，安安稳稳快睡觉。

——歌谣

那些回到父母身边的乳儿，成年以后，一批批加入到寻找乳娘的行列之中。

齐鲁大地，南有沂蒙红嫂，东有胶东乳娘。乳娘，不是亲娘，胜似亲娘，她们用生命和鲜血，为革命后代打造了温暖襁褓，用朴实无私的行动，谱写了一曲感天动地的大爱之歌。

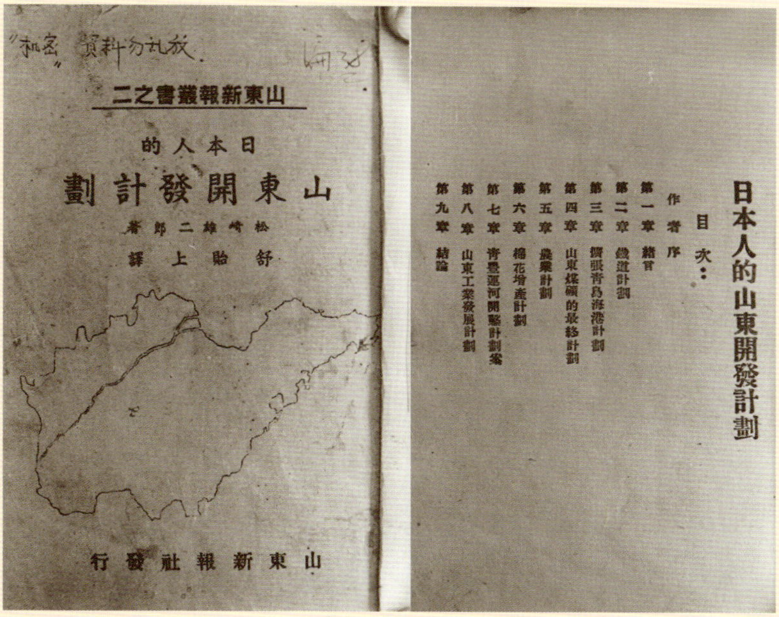

山東新報叢書之二

日本人的

山東開發計劃

松崎雄二郎著

舒貽上譯

山東新報社發行

日本人的山東開發計劃

目次：

本期档案： 日本人的山东开发计划

年份： 1947年

馆藏： 山东省档案馆

第24集　见证日本对山东疯狂掠夺

这是1947年由山东新报社出版的《日本人的山东开发计划》，作者松崎雄二郎是日军侵华时期制定“山东产业开发计划”的参与者之一。

该书记录的计划内容，涉及工、矿、农、交通等诸多行业，是日本对山东实施经济侵略的直接证据。

1937年9月30日，日军入侵山东后，为实现“以战养战”的目的，制定了一系列经济侵略计划，在山东大肆进行有组织、有计划、有步骤的经济劫掠。

山东省的重要性，就在它的广大地域，在地理上具有适宜的条件，富有煤、铁及其它种种地下资源，还有农业畜产也很旺盛，并且这些资源和特产物运往海港极其便利，只需使用较少的经费资财，即可对于现局给予很大的寄与了。

——《日本人的山东开发计划》

日本侵略者首先将目光投向了山东丰富的煤、铁、黄金、棉、盐等重要战略资源。

1938年1月，日军进占淄博矿区；同月，侵占宁阳禹村和华丰两矿；3月，侵占枣庄矿区，接管中兴煤矿。很快，山东较大的煤矿企业均被日军占领。

在枣庄矿区的日军

对于沦陷区的煤、铁、盐、电力、采金等重要产业，以及棉花、纺织、面粉等民生工业，日本均实行统制，甚至军事管理。

铁路、港口、公路等交通运输系统也被日军军管，胶济铁路和青岛港成为“开发”的重点。

同时，设立日伪银行，实施财政、金融统制。

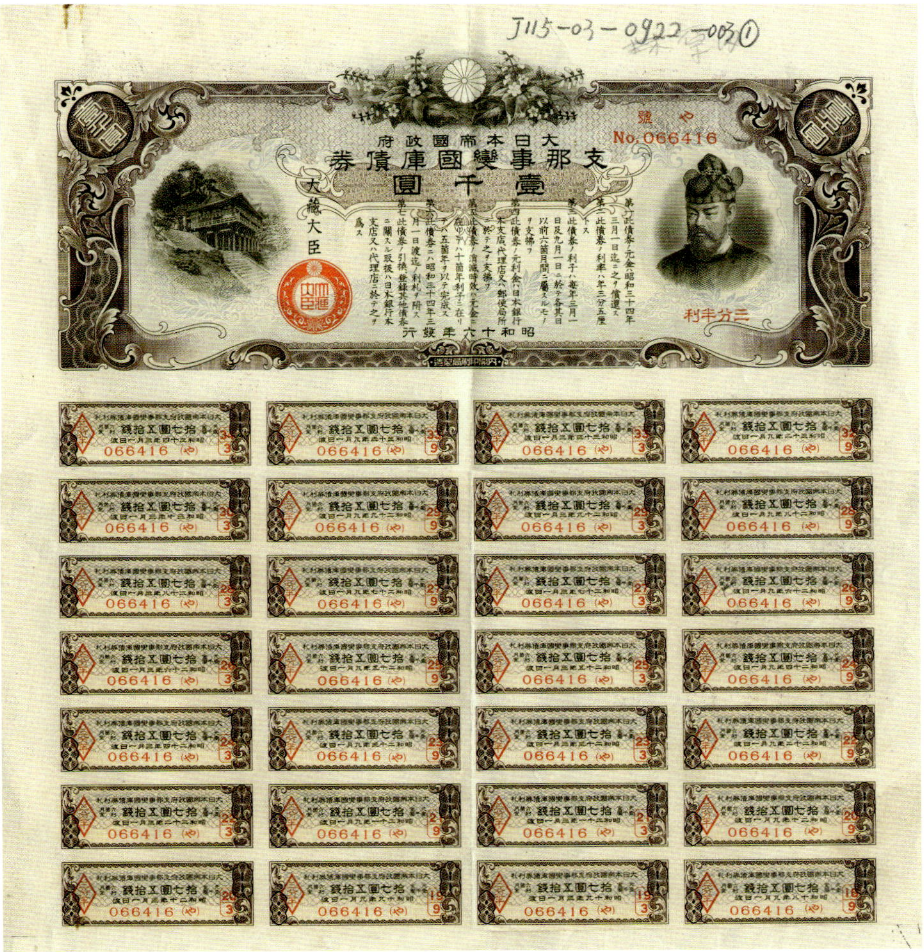

日本在中国发行的“支那事变国库债券”

在农村，向沦陷区农民“征发”军粮，并圈占农田、掳掠劳工。

竭泽而渔的掠夺方式，致使大量中国民族工业倒闭、商业凋零、土地荒芜。日本被迫将部分行业由军管改为“中日合办”。

所谓合办，实际上与军管无异，董事会是有名无实的组织，日商不仅在董事会的人数上占多数，而且在合办合同上规定，经营管理权归日方常务董事兼厂长负责。

——苗兰亭（时任伪济南市商会会长）《苗氏民族资本的兴起》

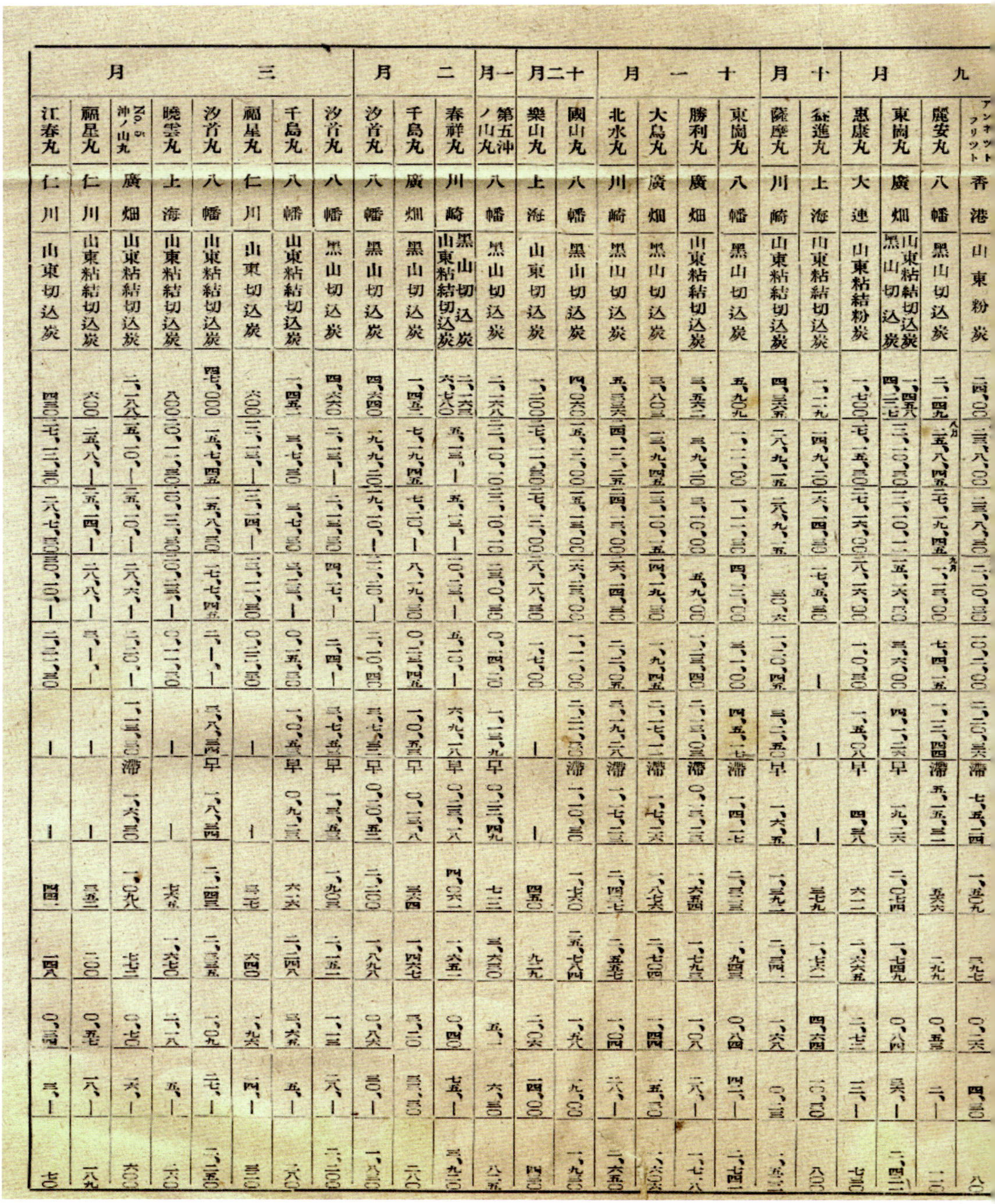

月	船名	仕向地	炭種	数量
九月	アンネット フリット	香港	山東粉炭	二四、〇〇〇
九月	麗安丸	八幡	黒山切込炭	二、二四九
九月	東崗丸	廣畑	山東粘結切込炭 / 黒山切込炭	一、四五八 / 四、三二七
九月	惠康丸	大連	山東粘結粉炭	一、七〇〇
十月	益進丸	上海	山東粘結切込炭	一、一二九
十月	薩摩丸	川崎	山東粘結切込炭	四、三六五
十一月	東崗丸	八幡	黒山切込炭	五、九〇九
十一月	勝利丸	廣畑	山東粘結切込炭	三、五六二
十一月	大烏丸	廣畑	黒山切込炭	三、八〇三
十一月	北水丸	川崎	黒山切込炭	五、三三六
十二月	國山丸	八幡	黒山切込炭	四、〇八〇
十二月	樂山丸	上海	山東切込炭	一、二〇〇
一月	第五沖ノ山丸	八幡	黒山切込炭	二、一六八
二月	春祥丸	川崎	黒山切込炭 / 山東粘結切込炭	二、一六三 / 六、七八〇
二月	千島丸	廣畑	黒山切込炭	一、四五二
二月	汐首丸	八幡	黒山切込炭	四、六四〇
三月	汐首丸	八幡	黒山切込炭	四、六六〇
三月	千島丸	八幡	山東粘結切込炭	一、四五一
三月	福星丸	仁川	山東切込炭	六〇〇
三月	汐首丸	八幡	山東粘結切込炭	四七、〇〇〇
三月	曉雲丸	上海	山東粘結切込炭	八〇〇
三月	No.5 沖ノ山丸	廣畑	山東粘結切込炭	二、一八八
三月	福星丸	仁川	山東粘結切込炭	六〇〇
三月	江春丸	仁川	山東切込炭	四三〇

1943 年日本从青岛港外运山东煤炭数量统计表

(5) 山東炭青島港船積實績表

昭和十八年度

月	船名	揚地	炭種	積高	レーダース開始日時	荷役開始時	荷役終了時	レーダース使用日時	許容制限時	早出滞船時	延著力數	平均一日荷役高	一人一日荷役高	夜間作業時間	夜間作業積高
四月	益進丸	大連	山東粉炭	一、一九二	九、一八、三〇	九、一九、一	一〇、九、一	〇、一四、三〇	〇、二〇、二六	早 〇、五、五六	三九八	一、九七三	四、九六	三、一	九八二
四月	天津丸	大連	山東粉炭	一、一九三	一三、八、三〇	一三、九、一	一四、一三、一	一、四、三〇	〇、二〇、二七	滞 〇、八、〇三	三二五	一、〇〇五	三、〇九	一、一	一〇〇
四月	神珠丸	大阪	黑山切込炭	四、一二七	三、二、一	三、三、一	一六、一、三〇	一三、二三、三〇	二、三、二四	滞 〇、一四、四六	九六八	一、一五八	一、二四	六、五〇	四二一
四月	錦州丸	川崎	黑山切込炭 山東粘結粉炭	四、〇七四 三、九七九	三、一〇、三〇	三、一一、一	一五、二〇、一	一二、九、三〇	一五、一六、〇三	早 二、九、一三	一、一八九	二、二七一	一、九九	一四、一	一、五三〇
四月	大福丸	八幡	黑山切込炭	四、四二六	五、二二、一〇	五、二二、一〇	一七、八、四〇	一一、八、一	一三、一三、五二	滞 〇、四、〇八	九二二	一、三二八	一、四四	三、一	一、三九七
四月	大文丸	川崎	黑山切込炭 山東粘結粉炭	八、四九一 一、六七〇	一八、一〇、三〇	一八、一〇、三〇	二六、九、三〇	七、二三、一	七、九、三八	滞 〇、一四、三三	三、三九四	一、三〇二	〇、三九	一四、一	一、五六九
五月	惠康丸	大連	山東切込炭	一、九八三	一、七、三〇	一、九、一	二、四、一	〇、二〇、三〇	一、九、一三	早 〇、二、四三	三九五	二、三〇三	五、八八	九、一	五〇三
五月	寶山丸	大阪	黑山切込炭 山東粘結粉炭	九二六 五三〇	三、三、一	三、三、三〇	三、二三、三〇	〇、一〇、三〇	一、〇、二七	早 〇、三、五七	二四六	三、二五九	一三、二五	三、一	四〇〇
五月	大洲丸	廣畑	黑山切込炭 山東粘結粉炭	三、八三五 一、二三九	四、一〇、四〇	四、一〇、四〇	六、七、一	一、二〇、二〇	三、一四、五五	早 一、一八、三五	七八六	二、七四五	三、四九	一四、一	二、五一九
五月	第二天神丸	仁川	山東切込炭	二〇〇	七、一〇、一	七、一一、一	七、一六、一	〇、六、一	—	—	一七五	八〇〇	一〇、六六	—	—
五月	島海丸	八幡	黑山切込炭	一、七四五	一二、一四、三〇	一二、一五、一	一三、一七、三〇	一、三、一	一、五、五五	早 〇、二、五六	九〇一	一、五五二	一、七二	三、一	八六〇
五月	光星丸	仁川	山東切込炭	一〇〇	一九、一五、一	一九、一五、三〇	一九、一七、一	〇、二、一	—	—	一八	一、二〇〇	一五、三八	—	—
五月	雪山丸	香港	山東粉炭	二、一〇三	二七、九、一	二七、九、一〇	二八、八、一	〇、二三、一	一、二二、〇三	早 〇、二三、〇三	四三六	二、一九四	一、五四	五、一	八八〇
五月	春泰丸	廣畑	黑山切込炭 山東粘結粉炭	一、四五五 一、六四九	一八、二、一	一八、三、一	一九、九、一〇	一、七、一〇	二、五、一三	早 〇、二三、〇三	四九五	二、三九〇	四、八三	—	—
六月	弓張丸	八幡	黑山切込炭	一、六五九	六、七、三〇	六、八、一	六、二二、三〇	〇、一四、一	一、四、二六	早 〇、四、二六	二九四	二、八四四	九、六七	二、三〇	三〇〇
六月	松浦丸	八幡	黑山切込炭	四、九〇四	八、一一、一〇	八、一二、一〇	九、一三、一	一、一一、五〇	三、一二、〇四	早 二、〇、一四	一、一三三	三、一六四	二、八一	一六、一	二、〇〇〇
六月	東洋丸	廣畑	山東粘結粉炭 黑山切込炭	一、七〇六 一、四一〇	一七、八、一〇	一七、八、四〇	一八、一三、一〇	〇、一九、一	二、五、二五	早 一、一〇、二九	七一六	三、九一七	五、四二	八、二〇	一、一二〇
六月	ブルート	八幡	黑山切込炭	五、二三八	二六、九、一〇	二六、九、一〇	二九、八、二〇	二、二三、一	三、七、四七	早 〇、八、四七	一、一六六	一、七七五	一、九一	一六、一	二、四〇〇
七月	ブルート號	八幡	黑山切込炭	五、二〇〇	四、九、三〇	四、九、三〇	一九、七、三〇	四、二二、一	三、七、〇八	滞 一、四、五二	三、七三二	一、〇五八	〇、二八	三〇、一	二、六六二
七月	加利丸	八幡	黑山切込炭	三、九三九	一六、九、一	一六、一一、一	二三、一九、一	六、一〇、一	二、一九、三二	滞 三、一四、一九	一、九八二	六二四	〇、三三	二七、三〇	一、四五二
七月	第八東亞丸	仁川	山東粉炭	一〇〇	一九、一七、三〇	一九、一二、三〇	一九、一八、一	〇、一〇、三〇	—	—	五〇	三二九	四、五八	—	—
七月	第三黑久丸	仁川	山東粉炭	二一〇	一七、一八、三〇	一八、七、一	一八、一二、三〇	〇、一七、一	—	—	一一七	一五九	一、一三	—	—
七月	惠康丸	大連	山東粘結粉炭	二、〇四二	二九、七、三〇	二九、八、一	三〇、一六、三〇	一、九、一	一、一〇、二九	早 〇、一、二九	六七五	一、四八四	二、二〇	二三、一	七二〇

日本在中国开办掠夺性的工商企业（青岛的日本纱厂）

日军在运送掠夺的物资

太平洋战争爆发后，日本对山东的经济掠夺更变本加厉。1941年，华北开发株式会社制定了“大东亚经济建设15年（1942—1956）计划”，山东被列为重点“开发”对象。

据不完全统计，日本从山东掠夺煤炭3000多万吨，掠夺黄金约16.5吨，白银38.45吨。

仅1942年到1944年，日本在淄博开采铁矿39.3万吨；1941年至1943年，开采铝矿100余万吨。

从青岛港运往日本、朝鲜等地的原盐达3000余万担，约占同期山东原盐产量的70%。

鲁北地区每年产棉约2000万斤，除1/4自用外，大部分被日本榨取。

民族工商企业纷纷破产，土地、劳动力损失严重。

日本对山东的经济侵略，使山东人民蒙受了巨大损失，社会经济濒临瓦解，人民生活极端困难。

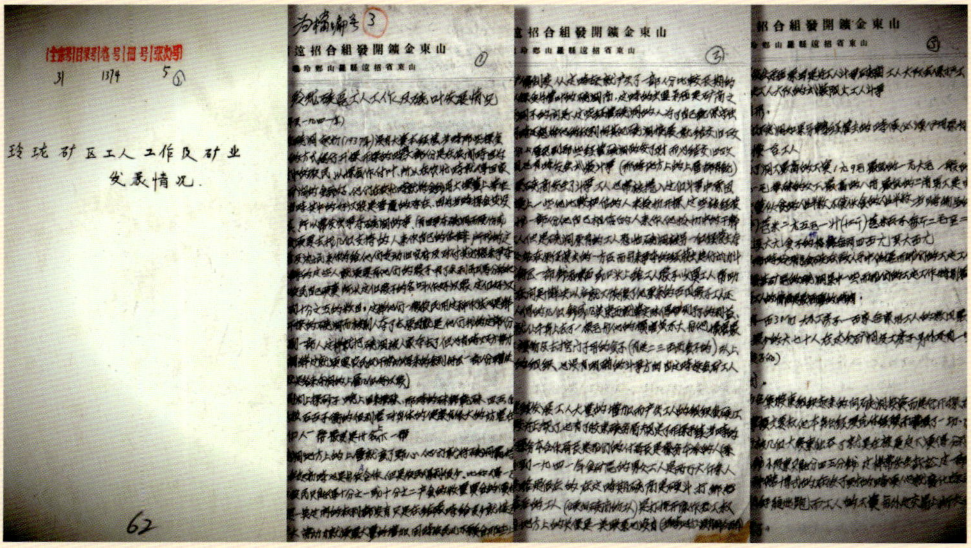
玲珑矿区工人工作及矿业
发展情况

本期档案：玲珑矿区工人工作及矿业发展情况

年份：1945年

馆藏：山东省档案馆

第25集　招远虎口夺金

这份档案，记录了招远玲珑金矿从1937年到1945年的工人作业情况和矿业发展情况。这是胶东党组织带领工人从日军“虎口”夺取黄金的珍贵见证。

胶东是黄金的重要产地，尤其是招远，分布着2000多条可供开采的金矿脉。

1939年2月，日军占领招远县城（今招远市）后，重兵侵占玲珑金矿，疯狂掠夺黄金资源。

被日军侵占的玲珑金矿

想开采而没有工人，便向周围附近的各村强要工人……金矿区大小据点二十六处，大小炮楼八十八个。

——《玲珑矿区工人工作及矿业发展情况》

抗日战争时期，党的经费极度缺乏。胶东党组织接到向延安运送黄金的任务后，开始用各种方式秘密筹集黄金。

胶东党组织派部分同志潜入日军控制的金矿，发动矿工，一面消极怠工，故意破坏、降低日军的采金量，一面从敌人的眼皮子底下偷运黄金。

有的一个炮眼放三天，有的只打毛不打金线，有的破坏洞子，女工推磨往磨里放油、放肥皂，使敌人得不到金。

——《玲珑矿区工人工作及矿业发展情况》

九曲村“采金委员会”旧址

为了把金粉带出，矿工们想出了许多巧妙的办法，有的藏进破棉袄里，有的夹在双层的鞋底里，有的藏在挖空的棍棒里和送饭的篮子里，有的把汞膏（也叫混汞金，回去加热使水银蒸发即得到品位很高的金子）塞到菜饼子里，一边吃着一边接受门岗检查。

——张万相（时任玲珑金矿日语翻译）口述

除了虎口夺金，胶东党组织还通过袭击日军的运金车、建立收购站秘密收购黄金等方式，筹集到了大量黄金。

胶东党组织组建一批批运金小分队，将筹集的黄金分批经过“渤海走廊”，运往中共中央山东分局驻地，再由中共中央山东分局运往延安和中共中央北方局。

护送黄金极其危险，不仅要避开日伪军的频繁“扫荡”，而且要穿越由敌人的据点、炮楼组成的重重封锁线，还要保证所运送的黄金万无一失。

玲珑金矿矿洞

日军修建的选矿厂旧址

到达山西境内汾河流域一个叫雁鸣渡的河畔时，与日军突然遭遇。孙队长临机将队伍一分为二，两人的黄金集中由一人携带，一半人渡河送金，一半人阻击掩护，结果黄金送达了延安，但阻击人员全部牺牲。

——王德昌（时任运金小分队班长）口述

日军采用种种手段破坏这条运金通道，胶东运金小分队屡遭伤亡。1943年9月，胶东军区和滨海军区部队打通了滨海区和胶东区的联系，开辟了新的交通线“滨海通道”后，运金小分队的危险和艰难才得以缓解。

在护送黄金的行动中，无数战士血染运金路，却没丢失过一两黄金，没发生过一起携金叛逃事件。

抗战时期，山东抗日根据地共向延安秘密运送了13万两黄金，成为党领导全国人民夺取抗战胜利的重要经费保障。

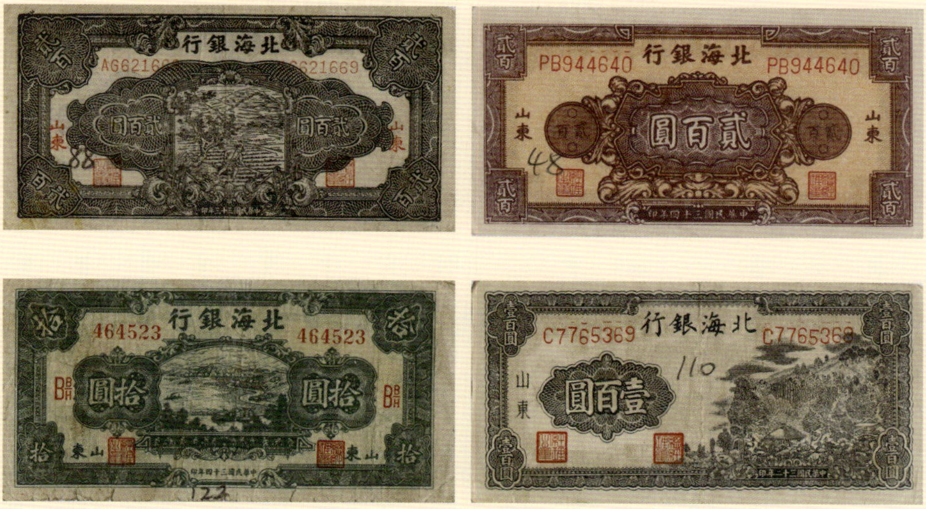

本期档案：北海币

年份：1943年

馆藏：山东省档案馆

第26集　发行北海币

这是诞生在山东抗日根据地的货币——北海币。在抗日战争期间，北海币和北海银行在对敌开展经济斗争、发展根据地经济、改善人民生活等方面发挥了重要作用。

1938年10月，北海银行在胶东抗日根据地掖县创建。

> 开展银行工作是不容易的……从制版到印刷到鉴定到出厂都经过百倍的努力。
>
> ——黎玉《山东过去政权工作与今后工作方案》

1938 年发行的首套北海币

北海银行印钞车间

北海银行印钞车间

1940年2月底，中共中央山东分局和八路军第一纵队向山东各抗日根据地发出指示，要求整理北海银行，筹办鲁西、鲁北、清河三银行。6月1日，北海银行清河分行在寿光成立。1940年秋，北海银行总行在鲁中成立，胶东北海银行改为分行，山东各抗日根据地相继成立分行、支行，发行北海币，以抵制伪钞、取缔土杂钞。

北海银行部分工作人员合影

太平洋战争爆发后，存于上海、天津等租界外国银行的70多亿元法币落入日军手中，法币失去货币的价值。为此，日军疯狂地向抗日根据地大量倾泻法币，掠取物资。山东抗日根据地骤然流入几亿元法币，法币贬值、通货膨胀接踵而来，人民生活受到严重危害。

1942年5月，山东分局财委会作出《关于法币问题的指示》，要求各地立即实行贸易统一管制，严格实行以货易货；北海币为山东抗日根据地的本位币，阻止法币流通及物资低价外流。

然而这次“排法”斗争，仅在胶东地区取得初步成功，其他地区仍是物价飞涨、物资外流。

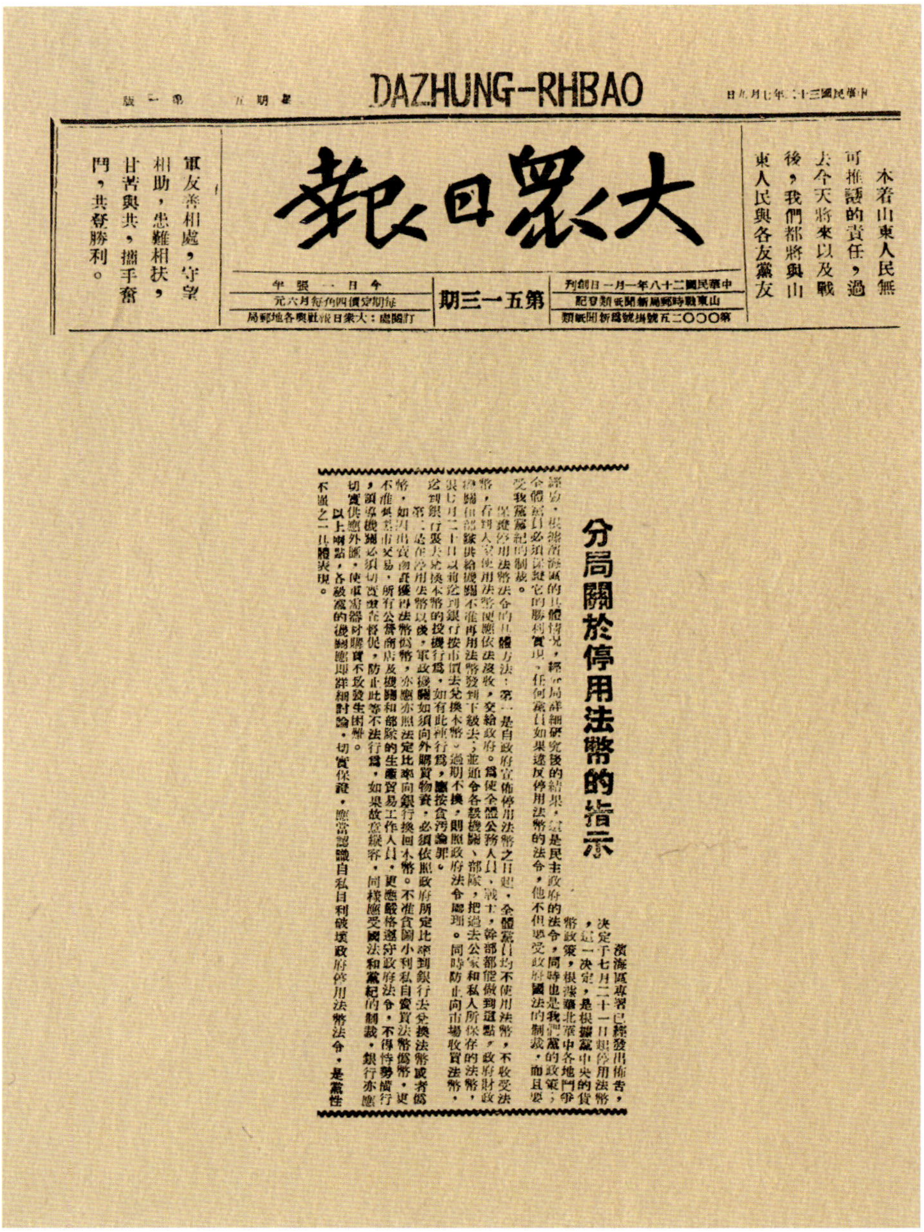

中華民國三十二年七月九日　星期五　第一版

DAZHUNG-RHBAO

大眾日報

中華民國二十八年一月一日創刊
山東戰時郵局新聞紙類登記
第二〇〇〇五號掛號認為新聞紙類

第五一三期

今日一張半
每期價四角每月六元
訂閱處：大眾日報社與各地郵局

本着山東人民無可推諉的責任，過去今天將來以及戰後，我們都將與山東人民與各友黨友軍友善相處，守望相助，患難相扶，甘苦與共，攜手奮鬥，共奪勝利。

分局關於停用法幣的指示

濱海區專署已經發出佈告，決定于七月二十一日起停用法幣，這一決定，是根據黨中央的貨幣政策，根據華北華中各地鬥爭經驗，根據濱海區的具體情況，經分局詳細研究後的結果，這是民主政府的法令，同時也是我們黨的政策；全體黨員必須保證它的勝利實現，任何黨員如果違反停用法幣的法令，他不但要受政府國法的制裁，而且要受我黨黨紀的制裁。

黨保證停用法幣法令的具體方法：第一是自政府宣佈停用法幣之日起，全體黨員均不使用法幣，不收受法幣，有對人宣使用法幣便應依法沒收，交給政府。為使全體公務人員、戰士，幹部都能做到這點，政府財政機關和部隊供給機關不准再用法幣發到下級去；並通令各級機關、部隊，把過去公家和私人所保存的法幣，限七月二十日以前送到銀行按市價去兌換本幣，過期不換，則照政府法令處理。同時防止向市場收買法幣，送到銀行去兌換本幣的投機行為，如有此種行為，應按貪污論罪。

第二是在停用法幣以後，軍政機關如須向外購買物資，必須依照政府所定比率到銀行去兌換法幣或者僞幣，如因出賣商品換得法幣僞幣，亦應照法定比率向銀行換回本幣。不准貪圖小利私自買賣法幣僞幣，更不准與黑市交易，所有公營商店及機關和部隊的生產貿易工作人員，更應嚴格遵守政府法令，不得恃勢橫行，領導機關必須切實負責督促，防止此等不法行為，如果故意縱容，同樣應受國法和黨紀的制裁，銀行亦應切實供應外匯，使軍需器材購買不致發生困難。

以上兩點，各級黨的機關應即詳細討論，切實保證，應當認識自私自利破壞政府停用法幣法令，是黨性不強之一具體表現。

1943 年 7 月 9 日，《大众日报》刊载中共中央山东分局《关于停用法币的指示》

1943年初，著名经济学家薛暮桥奉中共中央之命，率50余名知识分子由苏北赴延安，途经山东抗日根据地。罗荣桓亲自征求薛暮桥的意见，留其在山东抗日根据地协助主持经济工作。经中共中央批准，薛暮桥任山东分局政策研究室主任。

> 停用法币是无可避免的。法币减少，货币膨胀现象才能停止。
>
> ——薛暮桥《货币问题与货币斗争》

1943年夏，山东分局决定首先从滨海地区开始，开展新一轮货币斗争。1943年7月9日，山东分局下达《关于停用法币的指示》，号召全体党员作查禁法币的模范，宣传和动员群众限期将法币兑换成本币。

在党政军民共同努力下，货币斗争在滨海地区获得初步胜利。在不到一个月的时间，几千万元法币被排挤出山东抗日根据地市场。北海币币值上升，市场物价下跌。

薛暮桥首创“物资本位”论，每发行一万元北海币，其中五千元拿来购买粮食、花生等物资，以平衡货币与物资来稳定物价。

为巩固和发展货币斗争的胜利成果，适应市场流通需要，1943年9月，山东分局决定各战略区增加北海币发行量，其流通量不超过根据地每人30元的标准。其中，胶东、滨海各6000万元，鲁中4000万元，清河3000万元，鲁南1000万元。这期间，鲁中、鲁南、渤海等地的货币斗争也相继开展。经过不懈努力，货币斗争取得越来越大的成绩。1943年，至少有6亿元法币被排挤出山东抗日根据地市场。到1944年，山东抗日根据地的法币基本被排出，北海币成为唯一流通的本位币。这一胜利，稳定了

薛暮桥

山东抗日根据地的经济和物价。

> 因为货币斗争胜利，我们已经完全消灭了由于物价飞涨所造成的经济危机。
>
> ——薛暮桥《工商管理工作的方针和政策——工商管理工作总结报告》

作为货币斗争的典范，北海银行为山东抗日根据地经济的巩固与发展、战争物资的筹集与保障，提供了有力支撑。

1948年12月1日，北海银行与华北银行、西北农民银行合并成立中国人民银行。

本期档案： 郯城战役胜利品展览大会照片

年份： 1943年

馆藏： 山东省档案馆

第27集　翻边战术

这张珍贵的照片，定格了八路军攻克郯城后举办战利品展览的历史瞬间。

1943年1月，八路军第115师教导2旅发起的郯城战役，是成功运用"翻边战术"反"蚕食"斗争的典型战例。

全国抗战进入相持阶段后，"扫荡"与反"扫荡"、"蚕食"与反"蚕食"长期反复的斗争，是山东敌后游击战争的显著特点。

罗荣桓根据毛泽东军事思想，结合山东历次反"扫荡"、反"蚕食"的斗争经验，提出了著名的“翻边战术”。就是当敌人进行“扫荡”或“蚕食”的时候，八路军部队选准有利时机，“敌进我进”，“翻”到敌人占领区去，粉碎敌人的“扫荡”和“蚕食”。

> 敌打进我这里来，我打回敌那里去。事实上这个战术已经得到了很大的成功，郯城之战就是一个很显著的例子。以后要到处实行……派一支主力去夺取敌人的重要地方予敌以严重打击，在反“蚕食”、反“扫荡”中都会起很大的作用。
>
> ——罗荣桓《分散性游击战争与对敌政治攻势》

1943年1月，临沂、郯城的日军集中两千兵力出城“扫荡”，这时，处于敌后的郯城，仅留有一少部分敌军守城。

第115师政委罗荣桓和代师长陈光及时抓住这一有利战机，果断命令教导2旅奔袭郯城。

郯城位于临沂与新安镇之间，是日军封锁线的核心枢纽。墙高，壕深，遍布炮楼碉堡，易守难攻。

1943年1月18日夜，第115师教导2旅在代师长陈光、旅长曾国华和政委符竹庭的指挥下，穿过40多公里的敌占区，隐蔽抵达郯城，展开敌情侦察。

> 战斗打响前，我们营连干部和侦察员一起研究选择突破口。大家一致认为，城南地形开阔，敌人不会设想我们能从这里突破。
>
> ——袁洪辉《歼灭日伪守军　收复郯城》

1月19日深夜，教导2旅686团3营作为主攻部队，在郯城南门发起突击。爆破组炸开外城门后，发现内门被沙袋封堵，攻势受挫，只能暂停攻击。

1941 年春八路军第 115 师师部在莒南合影

驻守郯城的日军第 32 师团木村小队

日军占领下的郯城城门

防守郯城的日军士兵

主要是主攻、佯攻配合不好，致使敌人火力可以集中；同时没有连续爆破，突破口狭窄，兵力展不开。经过发扬军事民主，全营讨论，总结经验，重新组织，准备战斗。

——袁洪辉《歼灭日伪守军　收复郯城》

1月20日夜，教导2旅根据战况调整部署，将主攻点改为敌戒备较松、射程死角较大且有深宽壕沟的城东南角。这时，日伪军亦重整部署，组织火力，点燃火把，竭力阻止八路军攻城。教导2旅经过一番苦战，登上城墙，迅速突入城内。巷战中，残存日军退守中心碉堡负隅顽抗。经过数小时激战，教导2旅炸毁日军碉堡，毙伤日伪军400余人，俘虏日军7人。至1月21日上午，郯城战役胜利结束。

攻克郯城后，八路军又乘胜打下郯城周围敌18处据点。

郯城战役胜利后，延安新华通讯社发消息评论道："我一一五师驻滨海、沂蒙各部，连日袭击敌寇，并一举攻克郯城，予敌'蚕食'以重大打击，实为一九四三年伟大胜利之第一击。"

教导2旅同郯城日军展开巷战

郯城战役中被俘的日军

山东抗日根据地的军民正确运用“翻边战术”，取得了一个又一个胜利。毛泽东曾经赞誉说：“翻边战术”不是战术，是战略。

本期档案： 驻山东八路军在滨海开辟盐场照片

年份： 1944年

馆藏： 山东省档案馆

第28集　开辟滨海盐场

这组照片拍摄于1944年，记录的是滨海军区的指战员在盐场劳作的场面。这是山东抗日根据地大生产运动中的一场特殊战斗，以盐为刃，打破日军的经济封锁。

1941年前后，抗日根据地的对敌斗争越来越尖锐，形势越来越严重。日军在军事上反复“扫荡”，大肆烧杀抢掠，以毁灭抗日根据地的生存条件；同时，到处筑路、修建据点，使各抗日根据地处于被包围、被分割的境地。

面对空前严重的经济困难，中共中央发出“自己动手，丰衣足食”和“发展经济，保障供给”的号召，要求各抗日根据地开展大规模生产运动。

1943年春，山东抗日根据地出现严重春荒。3月，滨海军区司令员陈士榘、政委符竹庭率领八路军第115师教导第2旅第6团、军区直属机关等部队来到滨海区沿海一带，开辟盐场。

当我们刚来到海边的时候，各种经验都很缺乏，望着广漠的海滩，也委实感到无法着手。虽然怀着满腔的热情来执行“干部负责亲自下手”的号召，但是知识不够，又该如何动手呢？

——陈士榘（时任八路军滨海军区司令员）《开拓盐滩中的一点体验》

在开挖盐田前，陈士榘等人专门拜访有经验的老盐工，初步掌握一些晒盐知识和沿海气候变化规律，制定开辟盐场的具体方案。

群众中间的经验是丰富的，值得我们去好好学习。但是这种经验多半是极零碎极杂乱和不自觉的，需要我们以学习的精神去研究与综合，使成为一套完整的经验。

——陈士榘《开拓盐滩中的一点体验》

3月的滨海地区，天气寒冷。八路军指战员们聚集在海滩上，赤着双脚，行走在滩泥和潮水中，使用铁锨和洋镐挖掘土方、开沟筑堤，建造盐池。

在五天的突击中，将近六百米达长（四百工），一米达五十生的高，三米达宽的漫长的外堤和蓄水的内湖、荒水湖修好，挡住了大潮，还蓄进了海水……

——陈士榘《开拓盐滩中的一点体验》

八路军指战员修建盐池外堤

八路军指战员修建盐池外堤

八路军指战员铺晒制盐

八路军指战员铺晒制盐

盐池挖好后，八路军指战员立即投入到晒盐生产中，他们通过集体研究和讨论，创新晒盐工艺，用芦苇席和海草代替昂贵的油布铺晒制盐，将产盐周期缩短三分之一。

由于我们这种集体的劳动成果，也大大的影响了群众的生产情绪，使他们逐渐感到自己个体劳动力量的单薄，而开始体会到组织合作社，进行集体生产的重要。

——陈士榘《开拓盐滩中的一点体验》

盐场的开辟带动了整个滨海抗日根据地的生产热情。罗荣桓、陈士榘等人亲自参加劳动，领导生产。根据地妇女组成“纺盐袋队”，用粗布缝制盐袋；地方民兵参与运盐，与日伪军展开“护盐阻击战”。

八路军指战员运盐

抗日根据地妇女缝补盐袋

安东卫盐场

据统计，仅在1944年，山东军区直属队和滨海军区开辟盐田2000余亩。在滨海区安东卫盐场一处，第一年就产盐70多万斤，第二年增加到120多万斤。

山东抗日根据地军民的大生产运动，不仅打破了日军的经济封锁，克服了经济困难，改善了人民的生活，而且储备了大批粮、棉、油、盐等重要物资，为抗战胜利作了物质上的准备。

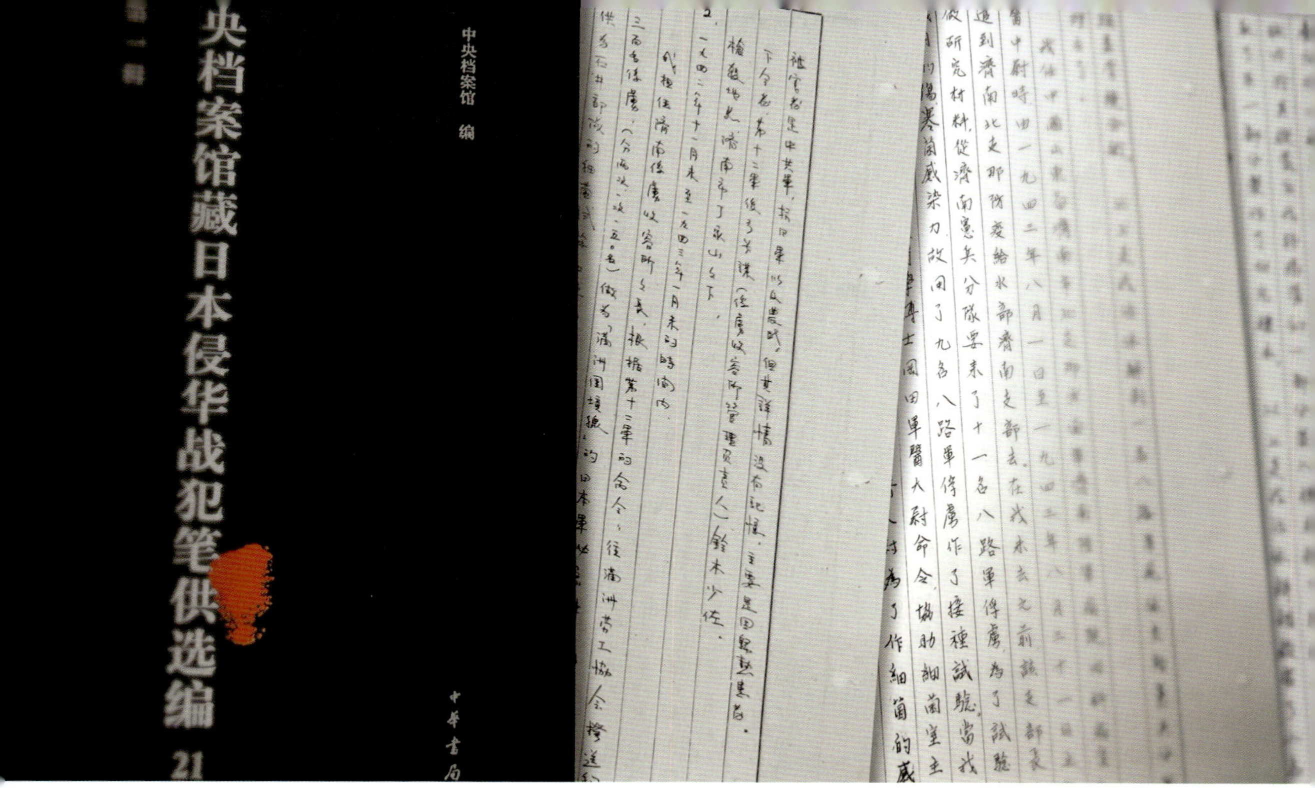

本期档案：日本侵华战犯笔供

年份：1955年

馆藏：中央档案馆

第29集 控诉鲁西细菌战

1943年8月，十几天的大雨，让鲁西境内的卫河、漳河等河流水位暴涨。

驻扎此地的日军决堤放水，洪水所到之处，瘟疫横行。许多村庄一夜之间就会死亡上百人，尸横遍野。“早死有人埋，晚死无人抬”的悲惨景象在鲁西地区上演。

这就是日军发动的代号为“昭和十八秋鲁西作战”的鲁西细菌战。

日本战犯竹内丰（时任日军济南陆军医院军医中尉）

1953年至1955年，新中国最高人民检察院对国内在押日本战犯开展全面调查审讯。众多日本战犯交代了包括鲁西细菌战在内的种种暴行。

日本侵略军不仅有系统地、大规模地用活人进行罪恶的实验，研制鼠疫、伤寒、霍乱等细菌武器，而且在侵略中国战争中大量使用细菌武器，进行细菌战。

防疫给水部济南支部从事于制造作战用的恶疫生菌工作。

——日本战犯竹内丰（时任日军济南陆军医院军医中尉）笔供

日军华北防疫给水部济南支部旧址

该给水班是同第二次世界大战以实验细菌臭名昭著的七三一部队完全一样的另一支部队。有1000多名中国俘虏和韩国流浪民被当成人体实验对象，悲惨地死在这支部队。

——崔亨振（时任日军华北防疫给水部济南支部翻译官）笔供

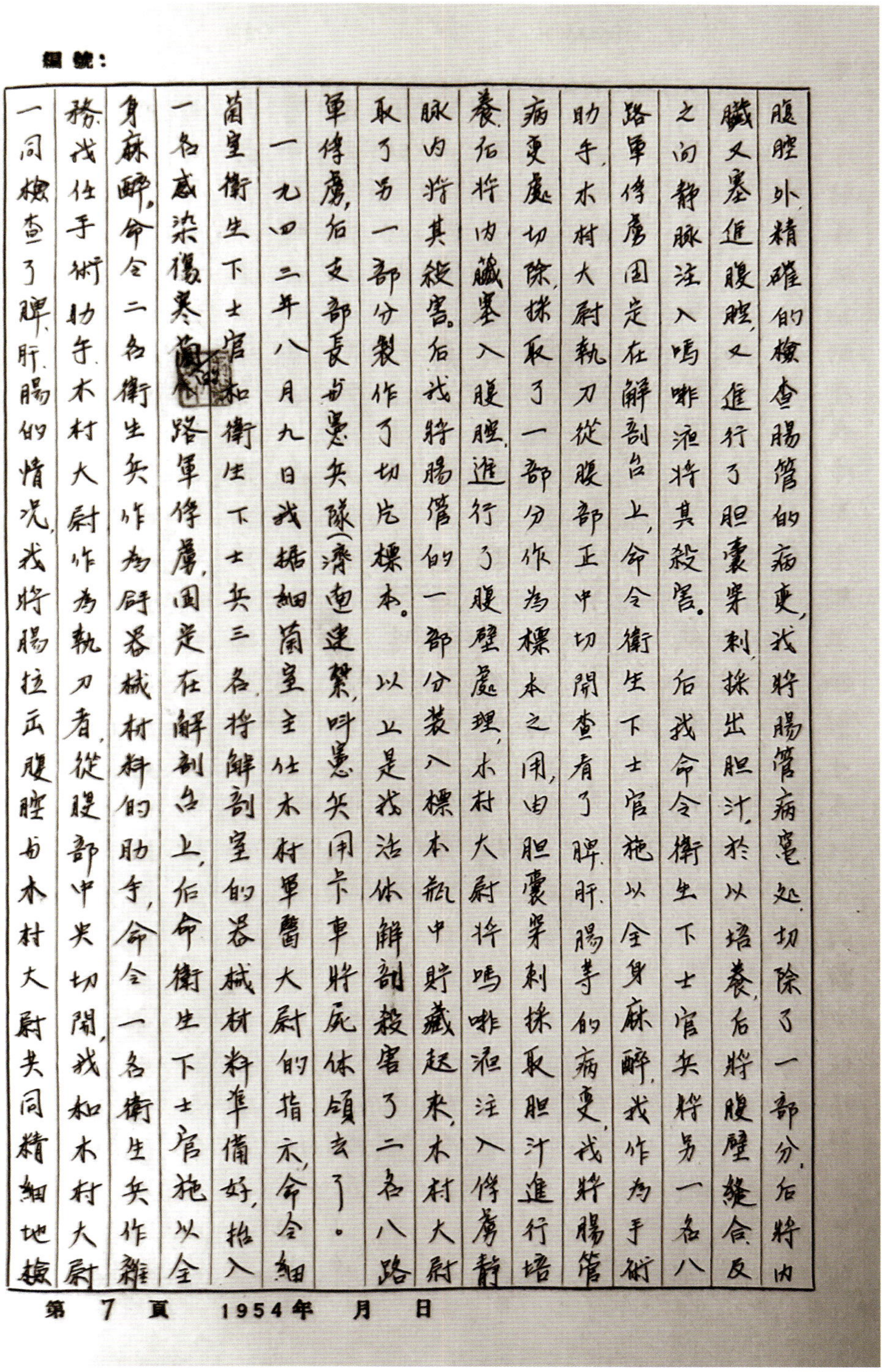

編號：

腹腔外，精確的檢查腸管的病变，我将腸管病竈处，切除了一部分，后将内臓又塞進腹腔，又進行了胆囊穿刺，採出胆汁，於以培養，后将腹壁縫合，反之向静脉注入嗎啡溶将其殺害。后我命令衛生下士官矢野另一名八路軍俘虜固定在解剖台上，命令衛生下士官施以全身麻醉，我作為手術助手，木村大尉執刀從腹部正中切開查看了脾、肝、腸等的病变，我将腸管病变處切除，採取了一部分作為標本之用，由胆囊穿刺採取胆汁進行培養，后将内臓塞入腹腔，進行了腹壁處理，木村大尉将嗎啡溶注入俘虜静脉内将其殺害。后我将腸管的一部分装入標本瓶中貯藏起來，木村大尉取了另一部分製作了切片標本。以上是我活体解剖殺害了二名八路軍俘虜，后支部長告憲兵隊（濟南連絡），叫憲兵用卡車將屍体領去了。

一九四二年八月九日我据細菌室主任木村軍醫大尉的指示，命令細菌室衛生下士官和衛生下士兵三名将解剖室的器械材料準備好，抬入一名感染傷寒菌八路軍俘虜，固定在解剖台上，后命衛生下士官施以全身麻醉，命令二名衛生兵作為醫療器械材料的助手，命令一名衛生兵作雜務，我任手術助手，木村大尉作為執刀者，從腹部中央切開，我和木村大尉一同檢查了脾、肝、腸的情况，我将腸拉出腹腔由木村大尉共同精細地檢

第 7 頁 1954年 月 日

日本战犯竹内丰笔供（译文）档案

日军在山东用作活体实验的对象，主要来自当年设在济南的监狱“新华院”。

济南新华院

从济南宪兵分队要来了十一名八路军俘虏，为了试验细菌战用的伤寒菌感染力，故用了九名八路军俘虏作了接种试验。

……进行了胆囊穿刺，采出胆汁，于（予）以培养，后将腹壁缝合，反之向静脉注入吗啡，将其杀害。

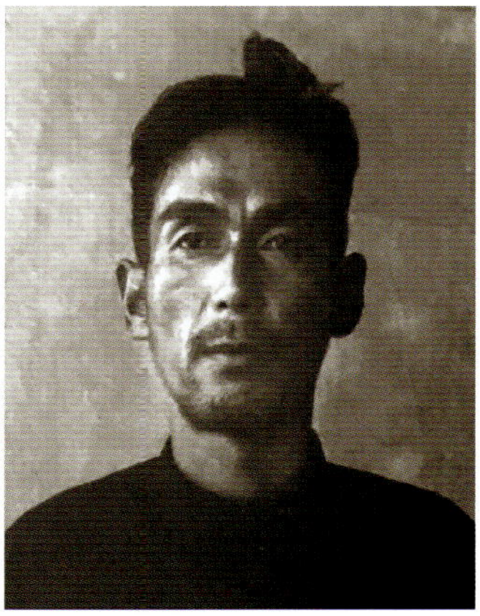

日本战犯难波博（时任日军第五十九师团第五十三旅团情报主任）

……制造了大约直径四十公分、高五十公分的伤寒菌（生菌）十六桶半。

——日本战犯竹内丰（时任日军济南陆军医院军医中尉）笔供

1943年8月至10月，日军华北方面军第12军在进行“鲁西作战”时，将卫河河堤掘开5处，在水中施放霍乱菌。

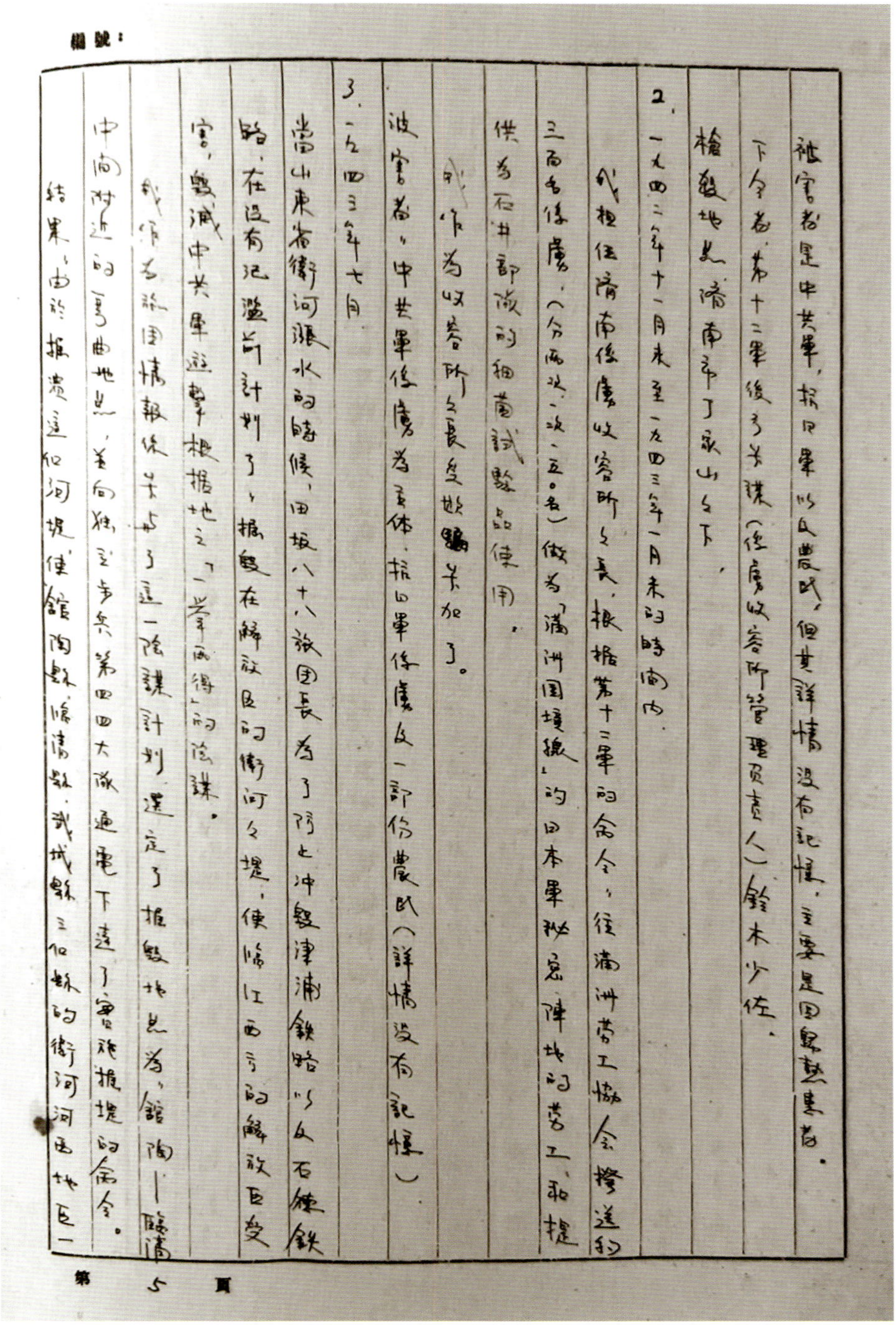

編號：

被害者是中共軍，抗日軍以及農民，但其詳情没有記憶，主要是因鼠熱患者。

下令者，第十二軍後方主謀（俘虜收容所管理负责人）鈴木少佐。

槍殺地点，濟南市丁家山之下。

2. 一九四二年十一月末至一九四三年一月末的時間內。

我担任濟南俘虜收容所之長，根据第十二軍的命令，往滿洲勞工協会撥送約三百名俘虜，（分兩次，一次一五〇名）做为“滿洲国境線”的日本軍秘密陣地的勞工，和提供為石井部隊的細菌試驗品使用。

我作为收容所之長受欺騙参加了。

被害者，中共軍俘虜为主体，抗日軍俘虜及一部份農民（詳情没有記憶）

3. 一九四三年七月

當山東省衛河漲水的時候，田坂八十八旅团長為了防止沖毁津浦鉄路以及石德鉄路，在沒有犯濫前計划了，掘毁在解放区的衛河之堤，使临江西方的解放区受害，毁滅中共軍遊擊根据地之“一举兩得”的陰謀。

我作為旅团情報係共参了這一陰謀計划，選定了掘毁地点為，館陶—臨清中间附近的弯曲地点，並向独立步兵第四四大隊通電下達了實施掘堤的命令。

結果，由於掘潰這個河堤，使館陶縣，臨清縣，武城縣三個縣的衛河河西地区一

第 5 頁

日本战犯难波博笔供（译文）档案

当山东省卫河涨水的时候，田坂八十八旅团长为了防止冲毁津浦铁路以及石德铁路，在没有泛滥前计划了掘毁在解放区的卫河之堤，使临河西方的解放区受害，毁灭中共军游击根据地之“一举两得”的阴谋。

——日本战犯难波博（时任日军第五十九师团第五十三旅团情报主任）笔供

由于使用这个流水的结果，在南馆陶中国人民之中感染上“霍乱”，发生了“霍乱”患者，逐渐的传染给卫河的下游。

——日本战犯林茂美（时任日军第五十九师团防疫给水班卫生曹长）笔供

山东省临清市卫河

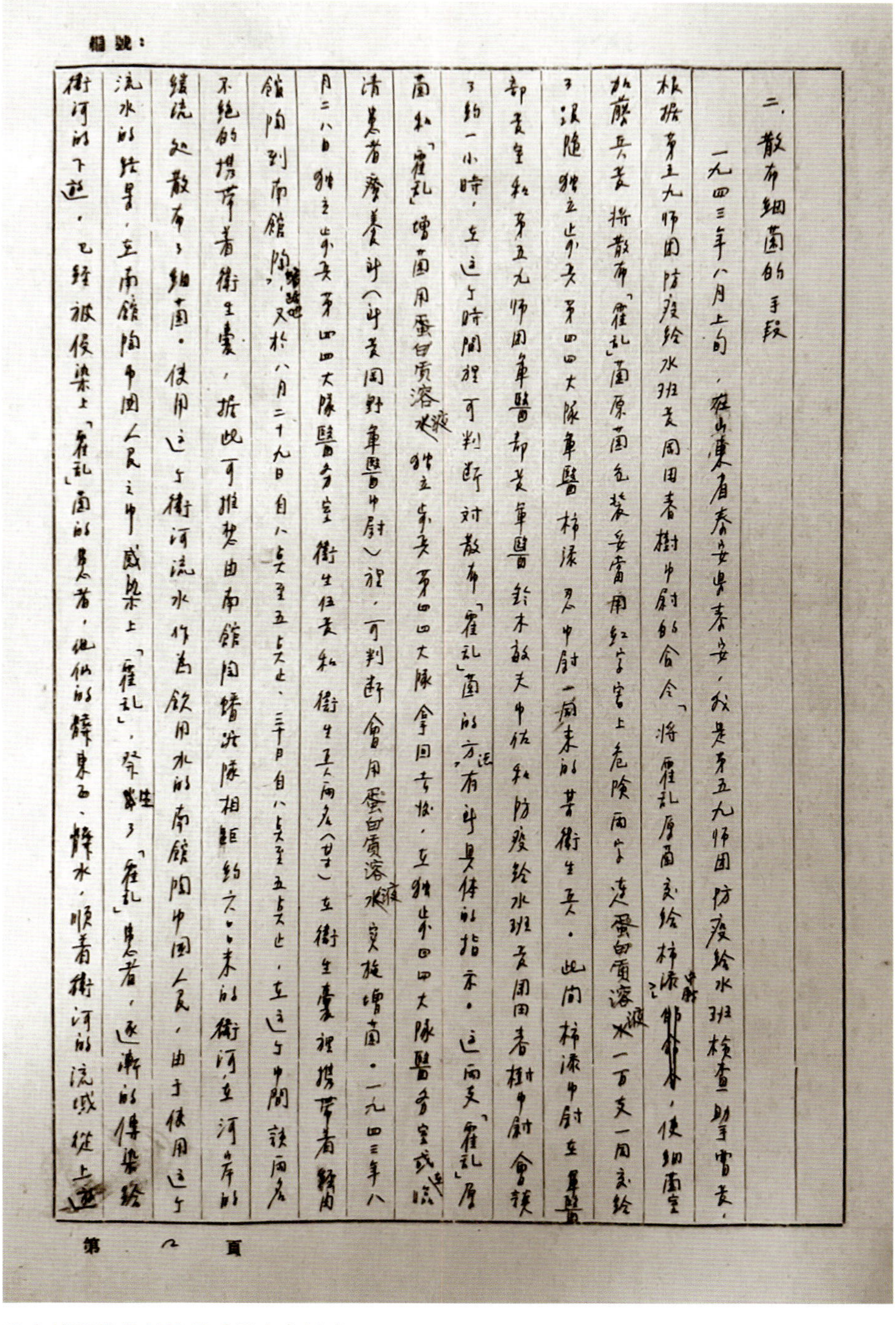
編號：

二、散布细菌的手段

一九四三年八月上旬，在山东省泰安县泰安，我是第五九师团防疫给水班检查助手雷长，根据第五九师团防疫给水班长冈田春树中尉的命令，将霍乱原菌交给柿添中尉之部下，使细菌室加藤兵长将散布「霍乱」菌原菌包装妥当用红字写上危险两字连蛋白质溶液一万支一同交给了跟随独立步兵第四四大队军医柿添忍中尉一同来的某卫生兵。此间柿添中尉在军医部长室和第五九师团军医部长军医铃木敏夫中佐和防疫给水班长冈田春树中尉会谈了约一小时，在这个时间里可判断对散布「霍乱」菌的方法有了具体的指示。这两支「霍乱」原菌和「霍乱」增菌用蛋白质溶液独立步兵第四四大队拿回去后，在独步四四大队医务室或清患者疗养所（步兵团野军医中尉）里，可判断会用蛋白质溶液来旋增菌。一九四三年八月二八日独立步兵第四四大队医务室卫生任长和卫生兵人两名（某某）在卫生囊里携带着经由馆陶到南馆陶，又於八月二十九日自八点至五点止、三十日自八点至五点止，在这个中间该两名不绝的携带着卫生囊，据此可推想由南馆陶附近隊相距约六公里来的卫河在河岸的缓流处散布了细菌。使用这个卫河流水作为饮用水的南馆陶中国人民，由于使用这个流水的结果，在南馆陶中国人民之中感染上「霍乱」，发生了「霍乱」患者，逐渐的传染给卫河的下游，已经被传染上「霍乱」菌的患者，他们的排泄物、排水，顺着卫河的流域从上游

第　2　頁

日本战犯林茂美笔供（译文）档案

日本战犯林茂美（时任日军第五十九师团防疫给水班卫生曹长）

1943年9月上旬，日军对疫区展开大规模“扫荡”，感染疫菌的老百姓四处逃亡，致使霍乱在鲁西地区大面积爆发，一时间哀鸿遍野，满目疮痍。

根据档案中日本战犯的笔供统计，这场细菌战造成鲁西一带20多个县受灾、超过40万人死亡，1500平方公里成为“无人区”。

鲁西细菌战严重违反国际法和人道主义原则，给鲁西人民带来了无法估量的深重灾难，而这一惨绝人寰事件的真相一直不为世人所知，直到20世纪50年代日本战犯的供述，才揭露出日军发动鲁西细菌战的滔天罪行。

这段历史是日军侵华罪行的铁证，也警示着今天的人们铭记历史，珍视和平。

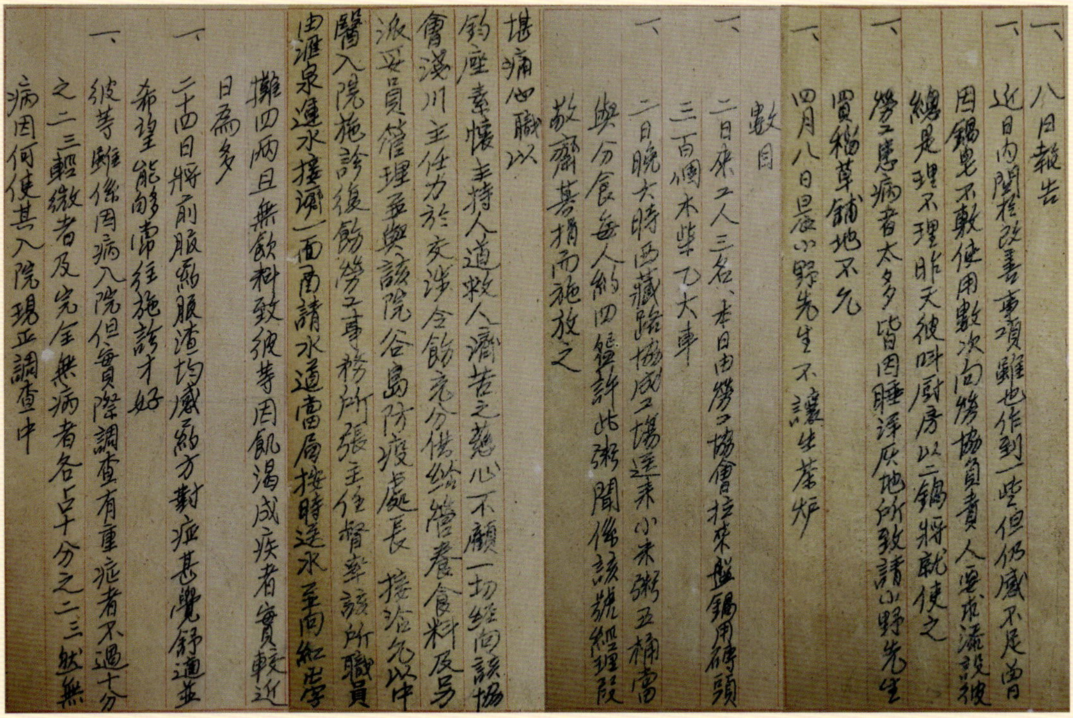
一、八日報告
一、近日內關於改善事項雖也作到一些但仍感不足曾
因鍋也不敷使用數次向勞協負責人要求添設被
總是理不理昨天被叫廚房以二鍋將就使之
一、勞工患病者太多皆因睡浮屍地所致請小野先生
買稻草鋪地不允
一、四月八日晨小野先生不讓生茶炉
數目
一、二日來二人三名、本日由勞工協會拉來盤鍋用磚頭
三百個木柴乙大車
一、二日晚六時西藏路協成工場送來小米粥五桶當
與分食每人約四兩許此粥聞係該號經理段
敬齋募捐而施放之
堪痛心職以
鈞座素懷主持人道救人濟苦之慈心不顧一切經向該協
會湯川主任力於交涉令飭充分供給營養食料及另
派妥員管理並與該院谷島防疫處長接洽允以中
醫入院施診後飭勞工事務所張主任督率該所職員
由滙泉送水接濟一面函請水道當局按時送水至南紅學
難四兩且無飲料致彼等因飢渴成疾者實較近
日爲多
一、二十四日將前服藥服渣均感無方對症甚覺舒適並
希望能夠常往施診才好
一、彼等雖係因病入院但實際調查有重症者不過十分
之二三輕微者及完全無病者各占十分之二三然無
病因何使其入院現正調查中

本期档案：劳工日记

年份：1945年

馆藏：青岛市档案馆

第30集　劳工日记

日本发动全面侵华战争和太平洋战争后，为弥补国内劳动力的严重不足，用诱骗、强征和抓捕等多种手段，掳掠中国劳工，送往中国东北、日本、东南亚等地，从事超强度的劳役。

日军在地处交通要道的城市，遍设劳工收容所。1944年下半年，伪华北劳工协会青岛办事处仿照济南、天津等地，分别在青岛铁山路85号和青岛汇泉体育场设立第一、第二劳工训练所，集中关押从华北各地抓捕的劳工。其中年龄最大的68岁，最小的只有14岁。

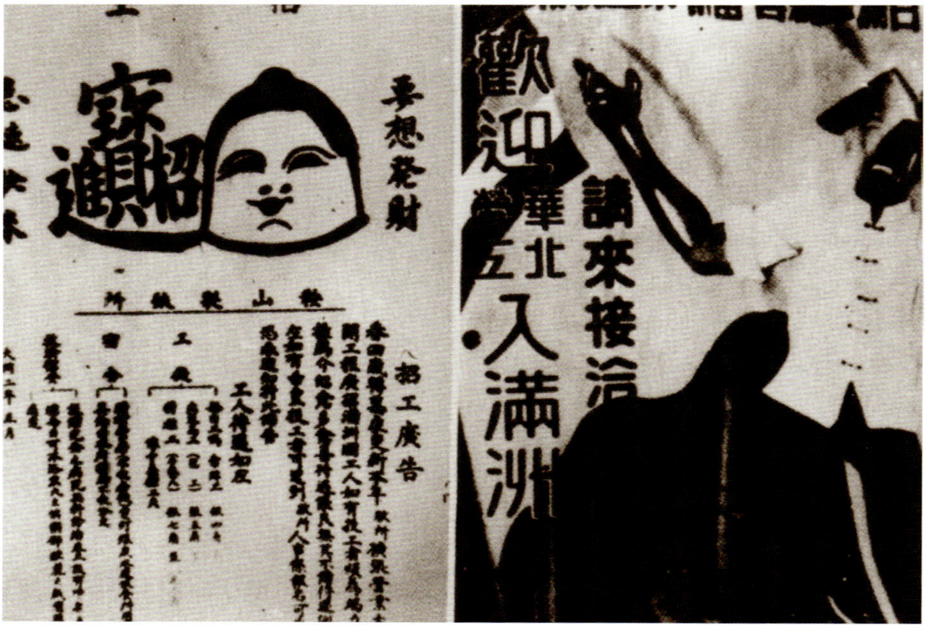

日伪当局诱招劳工的广告

青岛第二劳工训练所

这份伪青岛市社会局劳动科科员栾嗣修记载的《劳工日记》，真实记录了1945年3月22日至4月25日，栾嗣修等社会局成员亲眼目睹青岛劳工训练所的劳工遭受日本人残酷折磨和迫害的史实。

劳工在等待乘船前往日本的时间里，被逼迫到码头装卸货物、到太平山修筑军事工程。由于晚上睡在阴暗潮湿的地下室，无衣被御寒，许多劳工罹患重病。

（1945年3月）除数日间已病死三百余名外，计现场收容人数八百六十名，罹灾者尚有三百三十七名。……（至本月25日止）累计收容病工三百五十七名……死亡者五十七名。

病源多系因缺乏饮食所致……每日只二餐，早晨每人小米粥两碗，午饭及晚饭四人分棒子面窝头一个，每人每餐约摊四两，且无饮料。

劳工患病者太多，皆因睡洋灰地所致，请小野先生买稻草铺地，不允。

小野先生数次叫厨房熬面粥要薄些。

——《劳工日记》

在日本的中国劳工

在日殉难中国劳工的遗骨

根据栾嗣修的记载，劳工死伤率高达40%，每天都有劳工死亡。

不堪忍受的劳工奋起反抗，从1944年10月到1945年4月，青岛第一劳工训练所的劳工进行了四次暴动，其中，96名劳工冒着枪林弹雨冲出牢笼。

在青岛劳工训练所历经苦役、饥饿、伤病幸存下来的劳工，分批从青岛港坐船，被送往日本。他们这样形容在日本的悲惨遭遇：人间地狱18层，18层下是劳工。

有时饿得我们在路边拔野菜吃，被日本人看见就会挨打。

——劳工刘积善口述

劳工们饿死病死的很多，死了拉出去扔到山沟里埋掉。

——劳工刘洪周口述

在日本的劳工想尽办法逃跑，但结果往往是再次被抓。4万名劳工，逃出去的仅山东高密的刘连仁一人。然而逃进深山的他，对日本投降一无所知，在日本躲藏了13年。

在日中国劳工归国前合影

据不完全统计，到1945年，日军在山东抓走劳工393259人，从青岛转运的劳工多达60万人。

从1943年到1945年，被掳往日本的劳工约4万名，其中6830名在日殉难。

80多年过去了，绝大部分劳工已经离世，他们所承受的苦难遭遇，成为无法磨灭的民族苦难记忆。

本期档案：铁道游击队照片

年份：1943年

馆藏：山东省档案馆

第31集　铁道游击队

这张收藏于山东省档案馆的照片，是现存为数不多的关于铁道游击队的历史照片之一。抗日战争时期，活跃在津浦铁路线上的游击队员们以微山湖为依托，以铁路线为战场，一次次给予日军沉重打击。这些被时光模糊的面容，仿佛依然向我们讲述着他们的传奇故事。

1938年3月，日军侵占枣庄，抢占煤矿，控制铁路。10月，中共苏鲁豫皖边区特委选派洪振海和王志胜在敌占区建立情报站，铁道游击队由此初创。此后，他们袭洋行、截火车、搞情报、捉汉奸、秘密发展抗日武装。

小陈庄情报站驻地

八路军鲁南铁道大队建队旧址

1940年1月25日，八路军苏鲁支队指示成立鲁南铁道大队。这一年，日军频繁进行“扫荡”，八路军部队缺少经费。7月的一天，队员们化装成了商人、农民，混入日军的火车。

> 洪振海、曹德清从王沟跃上车头，掌握列车的驾驶。梁传德、王志友等人化装成商人，从峄县泥沟上车。王志胜带1个短枪班，化装成农民事先在预定地点设伏。当火车开到预定地点后，铁道游击队员立即在各车厢行动，客车上的8个日本兵全部被杀死。
>
> ——杜季伟《铁道游击队的创建与发展》

> 这次打票车共得8万块钱，并缴获短枪3支，长枪12支，手炮1门，机枪1挺。经上级批准，除留3支短枪外，其余全部上交鲁南军区。
>
> ——王志胜《忆鲁南铁道队的战斗历程》

铁道游击队战术灵活机动，利用一切可以利用的资源打击日军。他们破铁路、炸桥梁，为军区搞布匹、药品和钱粮，经历大小战斗上百次，取得一个又一个胜利，圆满地完成了上级交给的各项任务。罗荣桓在给铁道游击队的嘉奖信中说：“你们就像一把钢刀插入了敌人的胸膛。”

1942年初，抗日战争进入最艰苦的时期，敌占区据点密布，碉堡林立。铁道游击队与微湖大队、运河支队等抗日武装配合，开辟华东经鲁南通往延安的秘密交通线。至1944年，铁道游击队安全护送了包括刘少奇、陈毅、罗荣桓、肖华、朱瑞等千余名过往干部，往返百余次从未出过差错。

微山岛是铁道游击队的后方基地，铁道游击队在岛上休整练兵，并组织渔民成立救国会、民兵、儿童团等组织，宣传抗日，募捐支前，参军参战。

日军为了占据微山岛，在微山岛上与中国军民发生了多次激战。铁道游击队与共产党领导下的其他抗日武装，与敌人展开了一场又一场殊死的斗争。在战斗中，他们为了掩护岛上的群众，付出了巨大的牺牲。

铁道大队游击队员化妆侦查敌情

铁道大队游击队员伏击日军火车

被摧毁的日军列车

活跃在微山湖上的游击队员

刘知侠著《铁道游击队》

1943年夏，作家刘知侠在全省战斗英雄模范大会上了解到铁道游击队的事迹，深受触动。经过十年创作，1954年1月，长篇小说《铁道游击队》正式出版，迅速在全国引起轰动，并被改编成经典电影。

> 西边的太阳快要落山了，
> 微山湖上静悄悄。
> 弹起我心爱的土琵琶，
> 唱起那动人的歌谣。
> ……
>
> ——电影《铁道游击队》插曲

电影中的这首插曲历久不衰，传唱至今。铁道游击队的传奇故事也被传颂至今，在抗战史册上留下了浓重的一笔。

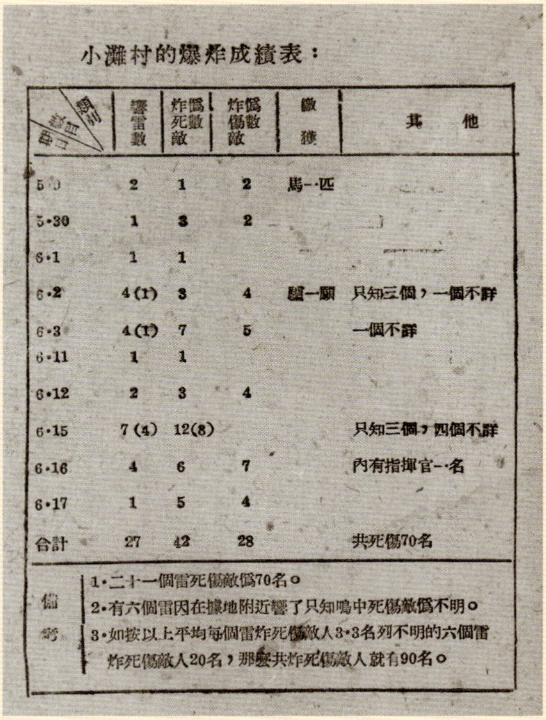

小灘村的爆炸成績表：

類別 / 日期	響雷數	炸死敵偽數	炸傷敵偽數	繳獲	其他
5·[illegible]	2	1	2	馬一匹	
5·30	1	3	2		
6·1	1	1			
6·2	4(1)	3	4	驢一頭	只知三個，一個不詳
6·3	4(1)	7	5		一個不詳
6·11	1	1			
6·12	2	3	4		
6·15	7(4)	12(8)			只知三個，四個不詳
6·16	4	6	7		內有指揮官一名
6·17	1	5	4		
合計	27	42	28		共死傷70名
備考	1·二十一個雷死傷敵偽70名。 2·有六個雷因在據地附近響了只知嗚中死傷敵偽不明。 3·如按以上平均每個雷炸死傷敵人3·3名列不明的六個雷炸死傷敵人20名，那麼共炸死傷敵人就有90名。				

本期档案： 海阳地雷战成绩表

年份： 1945年

馆藏： 山东省档案馆

第32集　海阳地雷战

“二十一个雷，死伤敌伪70名。”

“有六个雷因在（根）据地附近响了……死伤敌伪不明。”

“……平均每个雷炸死伤敌伪3.3名……”

这份档案，是胶东军区政治部在1945年11月《前线报》上刊登的海阳地雷战成绩表，详细记录了海阳县（今海阳市）小滩村使用自制土雷打击敌人侵略的战绩。

1940年2月，日军侵占海阳县城，在沿岸村庄建立据点，实行“三光”政策。面对日本侵略者的暴行，海阳人民在共产党领导下，展开了英勇的斗争。

1943年春，海阳县人民武装委员会召开了关于开展地雷战的会议，会上介绍了平度、大泽山区民兵的埋雷经验，并将数颗铁质地雷发给瑞宇、赵疃、文山后等村庄的民兵进行实战试验。

同年5月，海阳县小纪区瑞宇村民兵副队长于凤鸣在村西的青威公路上埋下两颗地雷，炸死炸伤5名下乡抢粮的日伪军。这一胜利极大鼓舞了全县民兵的斗志，地雷战由此在海阳地区迅速普及。

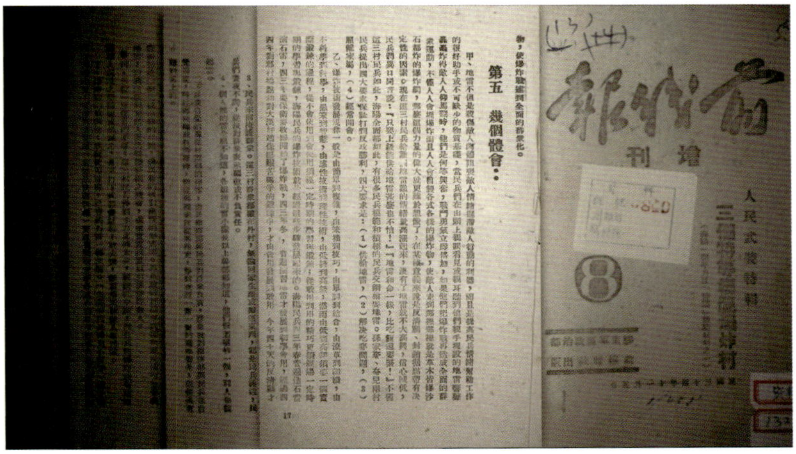

1945年11月《前线报》刊载《三个特等模范爆炸村》

海阳县民兵运送地雷

民兵在公路上埋设地雷

石头地雷

……给谁个地雷谁的情绪就高涨起来，没有了地雷就不大高兴，信心减低，民兵们异口同音说："只要上级能供给地雷，甚么也不怕！""地雷和命一样，比吃饭还要紧！"

——1945年11月《前线报》文章《三个特等模范爆炸村》

地雷战广泛开展后，铁雷供应不足，无法满足战斗需要，海阳民兵就根据炸山采石、打眼装药的原理，利用石头制作地雷。

文山后村民兵在队长于化虎的带领下，创造性地发明了水雷、连环雷、碎石雷等多种地雷。为了防止敌人排雷，民兵们还发明了子母雷、头发丝雷。

英雄的海阳民兵，以地雷战闻名于整个胶东。他们创造了十多种地雷和三十多种埋雷、设雷手段，人人布雷，户户有雷，村村设下"地雷宴"。

——许世友《我在山东十六年》

敌人经过的大小路口、山坡、河滩，以及村里的菜园、驴槽、鸡窝等处处都有地雷，敌人走到哪里，哪里就有爆炸，日军防不胜防，被炸得晕头转向。

海阳民兵把地雷战发挥得淋漓尽致，打出了赫赫威名，涌现出赵疃、文山后、小滩3个胶东特级模范爆炸村，并涌现出赵守福、于化虎、孙玉敏3名全国民兵英雄及11名"民兵爆炸大王"。

这三个村子的民兵个个都会使用地雷，看守地雷，懂得地雷的性能，并且各有一部分爆炸技术。特别高妙的是文山后于化虎，一个雷毙伤敌伪七名，赵疃赵守福的雷就爱打骑马的……小滩青妇小队孙玉敏两个雷毙伤敌伪四名。

敌人在村的边境不敢多走一步，更不敢追我民兵和群众。民兵们都越炸越有劲，成绩一天比一天多。

——1945年11月《前线报》文章《三个特等模范爆炸村》

全国民兵英雄赵守福、于化虎、孙玉敏（从左至右）

从1940年到1945年，海阳民兵配合主力部队作战和独立作战，不仅多次粉碎日军“扫荡”，还组织远征爆炸队，将地雷战的战术传授给其他县区，有力地支援了相关地区的抗战，使日军陷入人民战争的汪洋大海。正如一首歌谣所唱：“海阳的铁西瓜，威名传天下……今年炸，明年炸，直到把鬼子打发回老家。”

本期档案：山东军区攻势作战部分照片

年份：1944—1945年

馆藏：山东省档案馆

第33集　山东军区攻势作战

这是1944年至1945年间山东军区部队对敌展开攻势作战的部分档案照片。从1944年春起，根据中共中央战略部署，山东军区向日伪军连续发起1944年春夏秋冬和1945年春夏攻势作战。

1944年初，日军从山东战场抽兵南调。山东军区趁日伪军调整部署、收缩兵力，发起一系列攻势作战。

1月21日，滨海军区发起石沟崖战斗，歼灭汉奸朱信斋部，拉开了1944年春季攻势作战的序幕。

3月，鲁中军区发起第三次讨伐伪军吴化文部战斗，歼灭吴部6400余人，攻克重要据点40多处，控制了鲁山山区大部。

为进一步扩大胜利，5月至8月中旬，山东军区发动了大规模夏季攻势战斗。

渤海军区司令员杨国夫在1944年夏季攻势作战祝捷大会上讲话

1944年秋季攻势作战结束后，在胶东军区召开战役总结大会上，司令员许世友作报告

1944 年 11 月，八路军攻城部队在莒县城内与日伪军展开巷战

1945 年 6 月，渤海军区部队在攻打蒲台县城

鲁南军区讨伐伪军荣子恒部，全歼其第2师，解放了崮口山区，结束了鲁南抗日根据地被分割的局面。

鲁中军区解放了沂水城，渤海军区收复利津城。滨海军区向伪军李永平部发起反“蚕食”战斗，攻克据点40余处，改善了滨海北部的抗日形势。

1944年8月中旬，受到沉重打击的日伪军调集万余兵力，分13路“扫荡”滨海地区，企图寻歼山东军区指挥机关。山东军区采取“敌进我进”方针，配合滨海地区反“扫荡”，各区积极策应，主动出击，发起全区秋季攻势。

胶东军区收复文登、荣成两县，扩大根据地5000余平方公里，胶东4个分区连成一片。

渤海军区攻克乐陵、临邑、南皮3座县城，打通了各分区之间的联系。

鲁南军区破坏日伪军数段后方补给线和封锁线。

鲁中军区于沂河两岸设伏，歼日军草野清大队300余人、伪军1200余人。

随后的冬季攻势作战，收复莒县城，滨海与鲁中两区连成一片；收复栖霞县城；连续攻克临沂、费县、临城（今枣庄市薛城区）、滕县、泗水、邳县（今江苏省邳州市）等城外围据点。

1944年一年间，山东军区部队共歼灭日伪军7万余人，收复县城9座，国土4万余平方公里，解放人口约930万。

罗荣桓、黎玉从十个方面向党中央和毛泽东作书面汇报后，毛泽东回电说：“内容很好，你们的路线是正确的。”对山东的工作，给予了很高的评价。

——黎玉、林浩、景晓村、李耀文《回忆山东战场的大反攻》

1945年春夏，山东军区根据毛泽东关于《一九四五年的任务》的指示和山东敌情，以消灭伪军中最大股、最反动部分为主要目标，展开了更为猛烈的攻势作战。

> 鲁南我军攻入泗水城。
> 鲁中我军解放蒙阴城。
> 鲁中我军讨伐张逆天佐。
> 我军解放景芝镇，直迫安丘城。
> 渤海我军解放蒲台全境。
> 渤海我军继又光复滨县全境。
> 滨海我军解放郯城。
>
> ——1945年2—7月《大众日报》

山东的日伪军在抗日根据地军民连续攻势的打击下，已日暮途穷。

到1945年7月，山东解放区面积由1944年初占山东省津浦路以东地区的35%扩大到80%以上，八路军山东部队发展到21.7万余人，为展开大反攻、争取抗战最后胜利准备了强大力量。

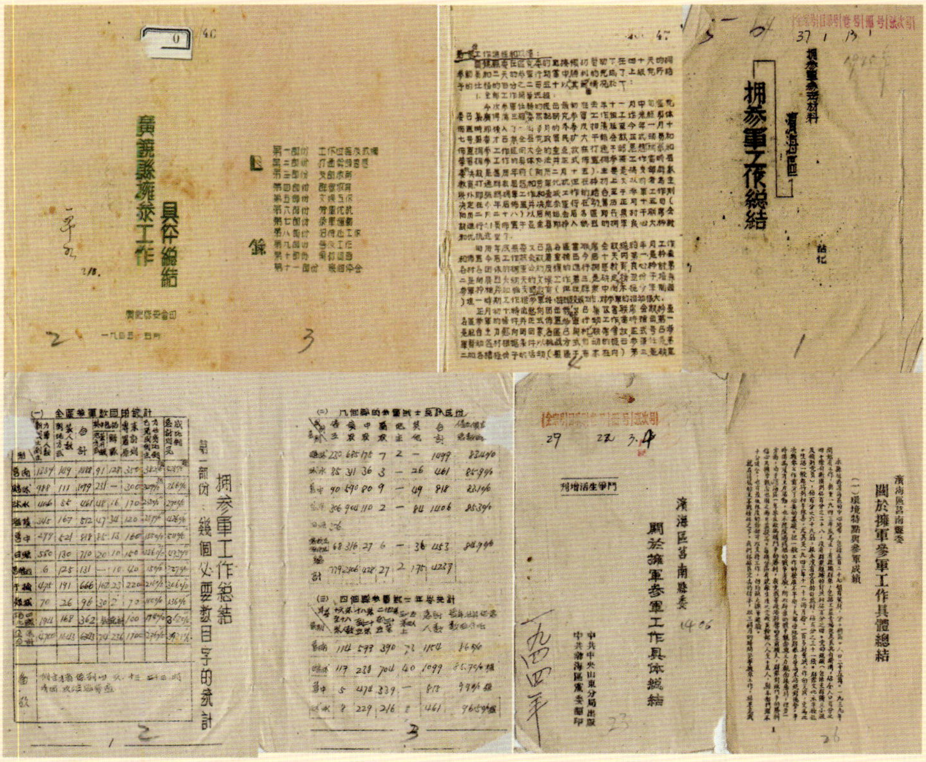

本期档案：拥参军工作总结

年份：1945年

馆藏：山东省档案馆

第34集　广北大参军

这一份份珍贵的档案，详细记录了1944—1945年山东抗日根据地两次大规模参军运动的具体情况。

1944年至1945年春，山东抗日根据地对日攻势作战不断取得胜利，抗战形势越来越好。为赢得攻势作战的胜利，中共中央山东分局和山东军区一方面结合拥军优属、拥政爱民工作，开展大参军运动，壮大武装力量；一方面进行政治军事整训，提高部队素质，从而为开展大反攻、夺取抗战的最后胜利做好准备。

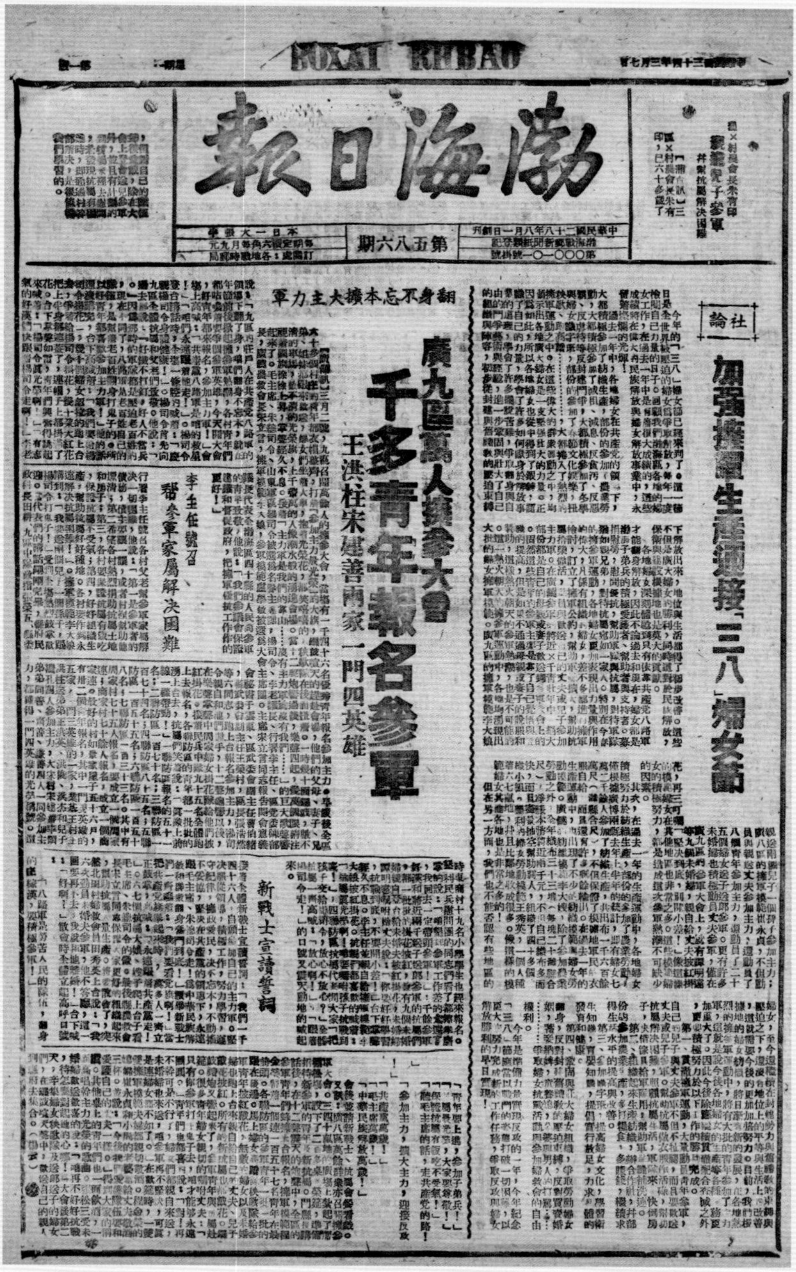
BOXAI RIBAO

渤海日報

第五八六期

翻身不忘本擴大主力軍

廣九區萬人擁參大會

千多青年報名參軍

王洪柱宋建善兩家一門四英雄

李玉任號召 幫參軍家屬解決困難

新戰士宣讀誓詞

社論

加強擁軍生產運動迎接「三八」婦女節

《渤海日报》第 586 期关于大参军的报道

广饶县九区全体新战士合影

广饶县九区拥军参军大会上挂花队给踊跃报名参军的青年挂花

1945年春节刚过，广饶县就开始了轰轰烈烈的大参军活动。在28名县、区级干部带头参军后，3天内报名参军的就达3100多人，被称为“三天三千”广北大参军。

3月2号，广饶县九区召开参军大会，一大早，全区60多个村庄的乡亲们就齐聚会场，会场气氛热烈，掌声雷动，要求参军的青年一个一个往台上跑，每上来一个，挂花队就给他挂上一朵大红花。很短时间内报名参军的就达到1600多人。

李家屋子村的李大娘把她的三个儿子送去参军；业基王村的王洪渚送他的三个弟弟和一个儿子参军。

——《渤海日报》第586期

西商村冲破了一切村的挑战的条件，要拉一个商家连，来应答周家村上次积极分子会议上的挑战，并当即交了应战书。

——《渤海日报》第584期广北大参军中的挑战书

正月初十，广饶县召开参军积极分子会议，西商村与周家村提出“全村出兵一个连”挑战书和应战书。两个村的青年人各组成一个连集体参军，成为远近闻名的“商家连”“周家连”。

大参军的热潮席卷了山东抗日根据地的其他战略区。莒南县洙边村18岁的女青年梁怀玉，长相俊俏、能歌善舞，是当地出了名的“金凤凰”。在县参军大会上，她第一个上台发言：“谁当兵谁光荣，谁第一个报名参军，俺就嫁给谁。”

在梁怀玉的影响下，很多进步女青年也纷纷要嫁给积极主动参军的人。在她们的带动下，全县1400多人报名参军。农历正月十五，梁怀玉亲手给第一个报名的刘玉明戴上大红花，公开宣布送郎参军。

“商家连”集体合影

“周家连”集体合影

王洪渚送弟弟和儿子参军

“母亲教儿打东洋，妻子送郎上战场。”山东抗日根据地出现了许许多多母送子、妻送郎，兄弟争相参军入伍的动人场面。

经过大参军活动，到1945年夏季，八路军山东主力部队和地方部队发展到21.7万人，民兵发展到50万人，自卫团发展到150万人，为即将展开的大反攻准备了强大力量。

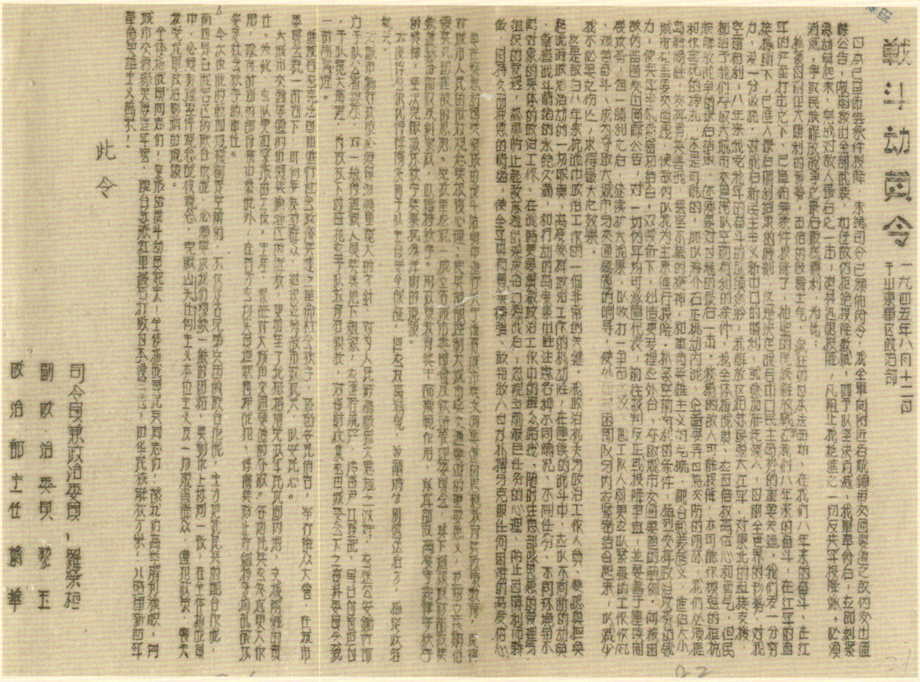
战斗动员令

一九四五年八月十二日于山东军区政治部

日本已宣布无条件投降，朱总司令已颁布命令，我全军向附近各城镇与交通要道之敌伪发出通牒公告，限期缴出全部武装，如遇敌伪拒绝投降缴械，即予以坚决消灭，我军奉令后，立即紧急动员起来，完成对敌人最后之一击，迫其迅速投降，凡阻止我挺进之一切反共军投降派，必须消灭，争取民族解放战争之最后胜利。为此：

此令

司令员兼政治委员 罗荣桓

副政治委员 黎玉

政治部主任 萧华

本期档案：山东军区政治部战斗动员令

年份：1945年

馆藏：山东省档案馆

第35集　山东大反攻

朱总司令已颁布命令，我全军向附近各城镇与交通要道之敌伪发出通牒公告，限期缴出全部武装，如遇敌伪拒绝投降缴械，即予以坚决消灭。

——1945年8月12日山东军区政治部《战斗动员令》

这是1945年8月12日，山东军区政治部向山东各分区下发的《战斗动员令》，文中字字彰显着必胜的信心。

在世界反法西斯战争胜利发展的形势下，中国人民进入对日军全面反攻阶段。

1945年8月9日，毛泽东发表《对日寇的最后一战》的声明，要求中国人民的一切抗日力量应举行全国规模的反攻，为夺取最后胜利而斗争。

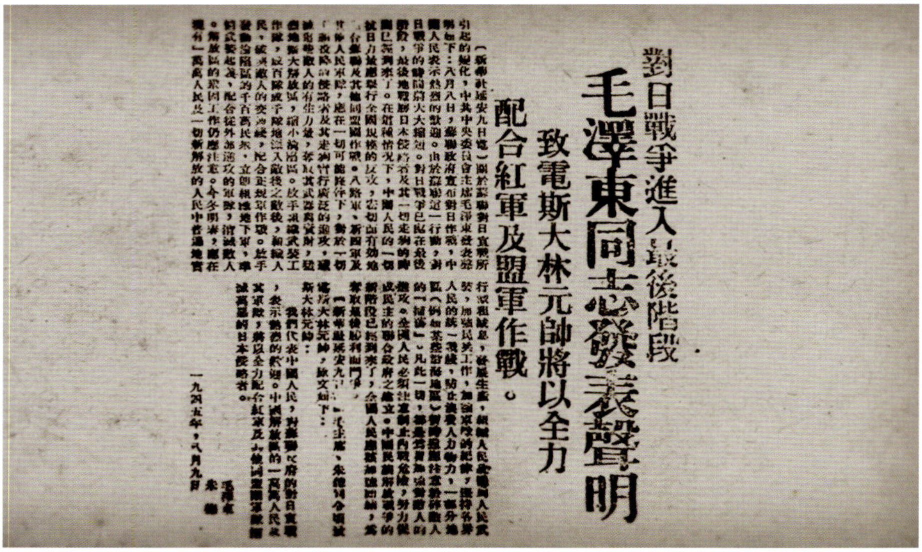

對日戰爭進入最後階段

毛澤東同志發表聲明

致電斯大林元帥將以全力配合紅軍及盟軍作戰。

一九四五年，八月九日

1945年8月9日，毛泽东发表《对日寇的最后一战》的声明

8月10日至11日，朱德总司令向各解放区所有武装部队先后发布7道全面反攻的命令。

8月10日，中共中央给罗荣桓、黎玉、肖华发出专电指出：山东军区执行占领德州、济南、徐州、青岛、连云及其他交通要道之任务，但着重徐州、济南之占领及其他可能为我军占领的城市。

日本政府在发出乞降照会后，在山东的日军第43军及伪军共20余万人，拒绝向八路军缴械投降，纷纷向铁路沿线及城镇收缩集中。国民党山东省政府于8月中旬进驻济南，大量收编伪军，与日军一起对抗八路军。

8月11日，山东军区司令部发布向城市进军的命令。从8月中旬起，山东军区主力及基干部队计8个师和12个警备旅，共21万人，编成5路野战部队，在山东军区司令员、政治委员罗荣桓指挥下，向敌占城镇和交通要道展开全面反攻作战。同时，山东各地由10余万名民兵组成数十个子弟兵

团，开赴前线配合主力部队作战，还动员10余万名民工支持前线。

山东军民在“一切为了前线，一切为了战争的最后胜利”的口号下，紧急行动起来。

山东分局、山东军区一面向日伪军发出通牒，令其投降；一面将山东军区各主力部队兵分五路，向敌占城市和交通要道进军，对拒不投降的日伪军发动了声势浩大的大反攻。

鲁中军区部队解放周村

第一路鲁中军区部队在前线指挥王建安、政治委员罗舜初的率领下，向济南及胶济铁路西段、津浦铁路济南至兖州段沿线的日伪军进攻。

第二路滨海军区部队在前线指挥陈士榘、政治委员唐亮率领下，分南北两线作战，切断了陇海铁路东段和胶济铁路东段。

第三路胶东军区部队在前线指挥许世友、政治委员林浩率领下，分东、西、南、北四线同时向胶济铁路东段沿线、胶东半岛沿海各城市的日伪军进攻。

第四路渤海军区部队在前线指挥杨国夫、政治委员景晓村率领下，分南、北、中三线同时向津浦铁路济南至沧州段和胶济铁路西段沿线的日伪军进攻。

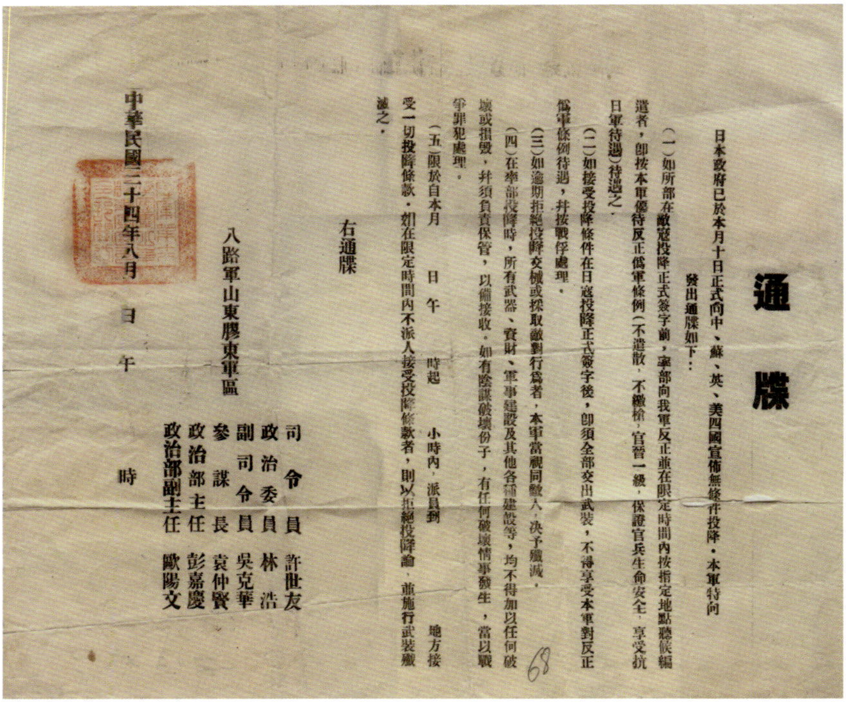

通牒

日本政府已於本月十日正式向中、蘇、英、美四國宣佈無條件投降。本軍特向　　　　發出通牒如下：

（一）如所部在敵寇投降正式簽字前，率部向我軍反正並在限定時間內按指定地點聽候編遣者，即按本軍優待反正偽軍條例（不遣散，不繳槍，官晉一級，保證官兵生命安全，享受抗日軍待遇）待遇之。

（二）如接受投降條件在日寇投降正式簽字後，即須全部交出武裝，不得享受本軍對反正偽軍條例待遇，并按戰俘處理。

（三）如逾期拒絕投降交械或採取敵對行爲者，本軍當視同敵人，決予殲滅。

（四）在率部投降時，所有武器、資財、軍事建設及其他各種建設等，均不得加以任何破壞或損毀，并須負責保管，以備接收。如有陰謀破壞份子，有任何破壞情事發生，當以戰爭罪犯處理。

（五）限於自本月　　日午　　時起　　小時內，派員到　　地方接受一切投降條款。如在限定時間內不派人接受投降條款者，則以拒絕投降論，並施行武裝殲滅之。

右通牒

八路軍山東膠東軍區

司令員　許世友

政治委員　林浩

副司令員　吳克華

參謀長　袁仲賢

政治部主任　彭嘉慶

政治部副主任　歐陽文

中華民國三十四年八月　　日　　午　　時

68

1945 年 8 月，胶东军区司令员许世友对伪军发出最后通牒

鲁南军区解放临沂城后八路军部队入城式

第五路鲁南军区部队在前线指挥张光中、政治委员王麓水率领下，向津浦铁路徐州至兖州沿线的日伪军进攻。

五路大军协调作战，势若破竹，收复大片失地，日伪军一路溃退。

在一个多月的时间里，收复县城46座，歼灭日伪军6万多人，除济南、青岛、徐州几个大城市和铁路沿线的狭窄区域外，解放了山东全境90%以上的国土，山东各解放区已连成一片。

1945年8月13日，山东省战时行政委员会改为山东省政府，黎玉任主席。山东省政府成立后，在广大的新解放区内，抓紧建立人民政权，颁布政府法令，建立革命秩序，使新解放区迅速得到巩固。

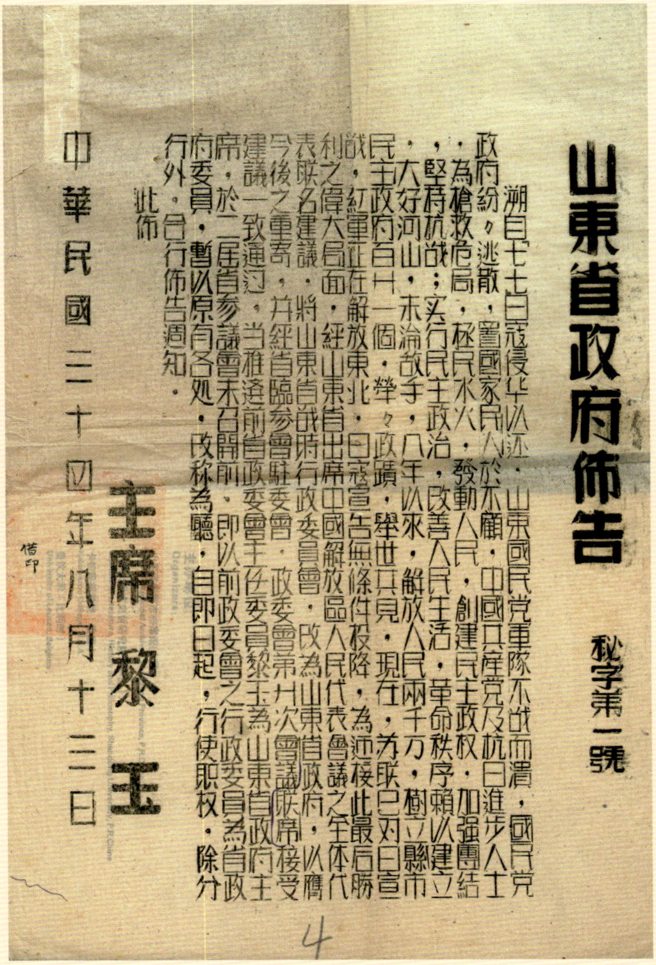

山東省政府佈告

秘字第一號

溯自七七日寇侵华以还．山東國民党軍隊不戰而潰，國民党政府紛々逃散，置國家民人於不顧．中國共産党及抗日進步人士，為搶救危局；拯民水火，發動人民，創建民主政权．加強團結，堅持抗戰；实行民主政治，改善人民生活，革命秩序賴以建立，大好河山，未淪敵手，八年以來，解放人民兩千万．樹立縣市民主政府百廾一個．举々政績，舉世共見．現在，蘇联已对日宣戰，紅軍正在解放東北．日寇宣告無條件投降，為迎接此最后勝利之偉大局面，經山東省出席中國解放區人民代表會議之全体代表聯名建議，將山東省戰時行政委員會．改為山東省政府，以膺今後之重寄，并經省臨參會駐委會．政委會第廾次會議联席接受建議，一致通過，当准適前省政委會主任委員黎玉為山東省政府主席，於二屆省參議會未召開前、即以前政委會之行政委員為省政府委員．暫以原有各処．改称為聽．自即日起，行使职权．除分行外．合行佈告週知．此佈

主席　黎玉

中華民國三十四年八月十三日

1945年8月13日，山东省政府布告

號外 大眾日報

蘇聯對日宣戰紅軍攻入偽滿

日本宣佈無條件投降

朱總司令命令所屬收繳日偽軍武裝

毛主席發表聲明：

對於蘇聯對日宣戰

抗戰已到最後階段

蘇聯紅軍攻入偽「滿」

朱總司令命令所屬部隊

收繳所有日偽軍武裝

日本宣佈無條件投降

歡迎蘇聯對日宣戰

本期档案：《大众日报》号外

年份：1945年

馆藏：山东省档案馆

第36集　山东解放区抗战成就

1945年8月15日，日本天皇裕仁以广播形式发布《终战诏书》，日本无条件投降。9月2日，日本代表在投降书上签字。至此，中国抗日战争胜利结束，世界反法西斯战争胜利结束。

单张整版套红的《大众日报》号外迅速在山东解放区传播，人们惊喜万分，奔走相告。

中共中央山东分局、山东省政府和山东军区在临沂举行万人大会，庆祝抗战胜利，鲁中、渤海、胶东、滨海解放区都召开了庆祝胜利大会。机关干部与群众组成的秧歌队、腰鼓队纷纷走上街头，口号声、欢呼声、锣鼓声、鞭炮声响成一片，山东解放区军民沉浸在胜利的喜悦中。

> 我们的血不是白流的，我们的痛苦不是白挨的，今天我们民族翻身的日子到来了。
>
> ——1945年8月14日《大众日报》文章《日寇无条件投降与我们的紧急任务》

临沂万人大会上欢庆胜利的解放区军民

滨海军区召开庆祝抗战胜利大会

山东解放区群众载歌载舞

八年抗戰中山東解放區各種損失統計概数表 P.1

關於人口的												
解放區總人口	被害人民(口)						急須救濟者					
	死亡	佔總人口之%	傷殘	佔總人口之%	被抓	佔總人口之%	還鄉難民	佔總人口之%	鰥寡孤獨	佔總人口之%	貧民	佔總人口之%
2959,1100	89.5714	3	161,0883	5	126,0000	4	245,0000	8	230,0000	7	635,7000	21
共計	376,6597人 佔總人口之12%						1110,7000人 佔總人口之36%					

關於農具房屋衣服粮食的損失				
項別	農具	房屋	衣服	粮食
数目	5900,0000件	580,0000间	8700,0000件	145,0000,0000斤
單價(元)	1500	5,0000	4000	50
總值(元)	885,000,0000	2900,0000,0000	3480,0000,0000	7250,0000,0000
共計(元)	1,4515,0000,0000			

關於牲畜的損失			
項別	牛驢騾馬	猪羊	鷄鴨
数目	90,6250頭	1115,0000隻	5780,0000隻
單價(元)	5,0000	1,0000	300
總值(元)	453,1250,0000	1115,0000,0000	17340,0000
共計(元)	1741,5250,0000		
總計(元)	1,6256,5250,0000		

說明：各種價值均係按當地現時一般價格以法幣計算之.

142

《八年抗战中山东解放区各种损失统计概数表》

这份《八年抗战中山东解放区各种损失统计概数表》，记录了山东解放区在全面抗战八年中各种损失的统计数据。

据不完全统计，抗日战争期间，山东解放区被杀害同胞超89万人，伤残161万多人，房屋损毁580万间，牲畜死亡百万头，农业、工业、矿业、商业等财产损失更是无以计数，数百万家庭支离破碎，流离失所。

山东军民以巨大的牺牲取得了辉煌的抗战成就。到1945年12月，山东解放区对敌作战2.6万余次，毙伤俘日伪军53万人，山东抗日根据地拥有八路军正规部队27万余人，地方武装和民兵近200万人，山东抗日根据地面积达12.5万平方公里，解放80余座城市，人口2400万。

山东党组织领导广大军民，以天下兴亡、匹夫有责的爱国情怀，视死如归、宁死不屈的民族精神，不畏强暴、血战到底的英雄气概，百折不挠、坚韧不拔的必胜信念，为全国抗战的胜利做出了重要贡献。

山东解放区群众欢送部队奔赴东北

1945年9月19日，中共中央发出《目前任务和战略部署》的指示，提出了“向北发展，向南防御”的战略方针，其战略方针的核心是控制东北。中共中央决定从山东军区、新四军及晋冀鲁豫、晋察冀、晋绥等军区和延安总部，先后派出2万名干部和11万人的部队进入东北。

挺进东北的山东部队在行军途中

1945年10月24日，罗荣桓率领山东主力部队6.7万余人、干部6000余人，踏上了挺进东北的征程。罗荣桓行至龙口，胶东军区司令员许世友等人赶来送行。罗荣桓把自己骑了多年的战马送给了许世友；许世友解下刚缴获的一支手枪，回赠给罗荣桓。罗荣桓在龙口登上小汽船，告别了山东大地和山东人民，奔向东北。至此，罗荣桓在山东工作了6年10个月。

挺进东北的山东部队和留在山东解放区的20万大军，成为解放战争中的重要力量，为争取新民主主义革命在全国的最后胜利，做出了重大贡献。

在中国共产党的领导下，山东抗日根据地广泛而深入地进行了新民主主义政治、经济、文化建设。

山东，成为中国共产党发展革命事业的最重要的战略基地之一。